中世考古〈やきもの〉ガイドブック

中世やきものの世界

浅野晴樹 著

新泉社

口絵 1

草《そう》樹《じゅ》文《もん》壺《つぼ》（珠《す》洲《ず》焼）

高 39.2・口径 18.8・底径 12.0㎝／鎌倉時代前半／国（文化庁保管）

中世須恵器系陶器は、列島全体で大きくふたつのグループにわけられます。ひとつは北陸地方から東北地方の日本海側に分布するグループで、そのグループの中心にあるのが珠洲窯です。珠洲窯製品は古代須恵器の系譜をひき、灰黒色を呈し、叩き成形を残すものが多いのですが、この製品のようにヘラで樹木を描いたものもあります。樹木や草花を描くやきものを刻画文陶器といい、渥美窯や常滑窯の壺や甕に多くみられますが、その影響を受けているのでしょう。（重要文化財）

珠洲焼のすり鉢

堅田 B 遺跡（石川県金沢市）

高 13.5・口径 30.0・底径 12.0㎝／室町時代／金沢市蔵

堅田《かただ》B遺跡は金沢市の北部にある中世の居館跡です。般若心経を書写した勧《かん》請《じょういた》板が出土したことで有名な遺跡です。このすり鉢は、館を方形にめぐる堀から出土しました。口縁の端部をたいらに面取りし、指押さえで片口を設けています。内面には底部から櫛目を放射状に刻んでいます。珠洲焼のすり鉢は鎌倉時代初期からすり目を入れていて、その技術は北陸地方や東北地方の窯業地に多大な影響を与えました。

珠洲焼の甕《かめ》

南黒丸遺跡（石川県珠洲市）

高 68.1・口径 67.2・底径 15.8㎝／室町時代／石川県埋蔵文化財センター蔵

南黒丸遺跡は鎌倉時代から室町時代の集落跡です。その集落から、土が崩れて内側が埋まらないようにするために甕を据えたり、板でまわりを囲った井戸がたくさんみつかりました。遺跡の北には、珠洲窯の中核である宝立《ほうりゅう》窯跡が広がっていました。そこで焼成された壺や甕は、宝立の河口港から積み出されたと考えられています。そのような場所柄でしょうか、珠洲焼の甕やすり鉢が惜しげもなく使われていました。

珠洲焼の五《ご》輪《りん》塔《とう》

高 22.8㎝／鎌倉時代／愛知県陶磁美術館蔵

下から、地輪、水輪、火輪、風輪、空輪の五つからなっています。焼成は燻し焼き、還元炎焼成され、硬く灰色に焼き締まっています。水輪部分は空洞となっており、そこに骨を納める構造となっています。分骨器としてつくられたものでしょうか。五輪塔は供養のため造立されたもので、石製のものが一般的なのですが、金属、木製もあります。やきもの製の五輪塔は、瀬戸窯をはじめとして各地の窯跡で確認されていますが、その大きさはさまざまです。

東《とう》播《ばん》焼の甕

東播窯跡（兵庫県明石市）

高 27.3・口径 18.8・胴径 29.5㎝／鎌倉時代／広島県立歴史博物館蔵

須恵器系陶器には北陸地方などのグループのほかに、瀬戸内海沿岸に点在する東播窯、亀山窯、勝間田窯などのグループがあります。このグループの壺や甕は丸底の球形で、全体に叩き目痕が残っています。還元炎焼成でよく焼き締まり、灰色を呈するものが多いです。この特徴は、古代須恵器の生産技術を継承したものです。珠洲焼の壺や甕のような絵画的な装飾はなく、全体に保守的な生産体制であったといえます。

魚《うお》住《ずみ》窯のやきもの

東播窯・魚住窯跡(兵庫県明石市)

鎌倉時代/兵庫県教育委員会蔵

東播窯は神出《かんで》窯や魚住窯などで構成されています。壺、椀なども生産しましたが、主体となるのは片口鉢と甕でした。平安時代に生産がはじまりますが、内陸にある神出窯は鎌倉時代中葉で途絶えるのにたいして、瀬戸内海に面する魚住窯は室町時代まで続きました。魚住窯には「営嶋《えいじま》」「魚住」といった港が隣接しており、片口鉢や甕は、京都以西の西日本一帯に流通するとともに、鎌倉にも流通していました。しかし、南北朝時代以降、硬質ですり目をもち機能的にすぐれた備前焼にその地位を奪われてゆきました。

沈没船の備前焼

水の子岩海底遺跡（香川県小豆島町）

南北朝時代／岡山県立博物館蔵

水の子岩海底遺跡は香川県小豆島の東方沖にあり、1977年にダイバーが備前焼のすり鉢や甕を発見しました。難破した船の積み荷だったと考えられます。備前焼を積み出した伊部《いんべ》、片上から京都方面に運ぶ途中だったのでしょうか。調査の結果、すり鉢77個、大形壺68個、大甕など200点以上の備前焼が確認されました。水の子岩海底遺跡のような水中遺跡からは完形品が出土することが多く、また同時期のものが一括して把握できるなど考古学研究に有効な点が多いです。

カムィヤキ窯のやきもの

カムィヤキ窯跡（鹿児島県伊仙町）

グスク時代（鎌倉時代）／伊仙町教育委員会蔵

カムィヤキ窯は奄美諸島徳之島の須恵器系陶器窯です。カムィヤキ（亀焼）という名称は窯の発見された地区が「亀焼」と称されていたことによります。瀬戸内海沿岸域に分布する須恵器系陶器とは一線を画するやきもので、高麗陶器の影響を受け、11世紀に生産を開始し、14世紀前半ごろまで操業したといわれています。壺、甕、碗、水注、鉢などを生産し、先島諸島を含めた琉球列島一円に流通しました。

口絵9

北沢窯のやきもの

五頭山麓窯・北沢窯跡（新潟県新発田市）

鎌倉時代／新発田市教育委員会蔵

新潟県の阿賀北地域の五頭《こず》山麓に展開する窯跡を五頭山麓窯跡群とよんでいます。北沢窯はそのなかの須恵器系陶器窯のひとつです。片口鉢、甕などに加えて、浄瓶・壺を焼成していました。やきものの特徴から珠洲窯の技術を強く受けていることがわかります。北沢窯には、やきものの窯以外に炭焼窯や木工の加工場などがあります。このような異業種の生産がなぜ同一の場所でおこなわれたのでしょうか。

灰《かい》釉《ゆう》秋《あき》草《くさ》文《もん》壺《つぼ》（渥美焼）

神奈川県川崎市南加瀬出土

高 40.55・胴径 28.05・底径 14.2㎝／平安時代末／慶應義塾蔵

神奈川県川崎市南加瀬にある古墳の墳丘から、道路工事中に出土したものです。壺のなかに骨が納められていたことから蔵骨器として埋められたものと思われます。この壺の特徴は、口頸部、肩部、胴部の三カ所に薄《すすき》を題材に描いた文様にあります。口頸部には薄とトンボ、肩部には二株の薄と柳と草花、阿古陀瓜《あこだうり》、胴部には三株の流麗な薄を描いています。肩部には黄緑色に発色する灰釉を厚くかけてあります。中世初期のやきものを特徴づける刻画文陶器を代表するやきものです。（国宝）

渥美焼の大甕

柳之御所遺跡（岩手県平泉町）

高 90.4・胴形 51.4・底径 12.0㎝／平安時代末／平泉文化遺産センター蔵

平泉藤原氏の館跡とされる柳之御所遺跡から出土した渥美焼の甕で、渥美焼甕のなかでは最大級のものです。胴部に6段にわたり押印を施し、頸部から肩にかけて灰釉を刷毛塗りしています。平泉遺跡群では渥美焼の甕や壺が柳之御所遺跡をはじめとする居館跡から多数出土します。渥美焼の壺は儀礼・饗宴の際に酒器として使用されたとされ、この大甕は酒の醸造のためのものではないかと考えられています。平泉藤原氏は、なぜ渥美焼を好んだのでしょうか。

水沼窯のやきもの

水沼窯跡（宮城県石巻市）

平安時代末／石巻市教育委員会蔵

水沼窯は瓷器系陶器の窯で、その製品の形や描かれた文様が渥美焼の壺に類似することから、渥美窯の技術を導入したものです。しかし、表面の色調が漆黒で、渥美焼とは異なります。この漆黒のやきものは平泉藤原氏の本拠である平泉遺跡群や平泉藤原氏に関連する遺跡でもみつかっています。平泉藤原氏は大量の渥美製品を搬入したのですが、みずからも渥美焼をつくることを企てたのがこの水沼窯ではないかといわれています。

竪穴建物の常滑大甕

今小路西遺跡（神奈川県鎌倉市）

鎌倉時代／鎌倉市教育員会蔵

中世都市鎌倉の貯蔵具の代表は常滑焼の甕と壺です。鎌倉の六地蔵の交差点付近でみつかった竪穴建物のなかにあった常滑焼の大甕です。口縁部に縁帯とよばれる幅広の帯をめぐらし、全体に赤褐色を呈し、肩に降灰がみられ白濁した色調となっています。建物のなかに据え置かれた甕は、鎌倉の遺跡でよく確認されます。単独のものが多く、その用途は水などをためるためといわれているのですが、酒や味噌などの醸造とも考えられます。

口絵 14

備《び》蓄《ちく》銭《せん》と常滑大甕

武蔵国府跡（東京都府中市）

高 58.8・口径 46.5・胴径 66.7㎝／室町時代 ／府中市教育委員会蔵

武蔵国府の設置された東京都府中市の大國魂神社（武蔵総社）の参道付近から出土しました。甕のなかには90,427枚の銭が納められていました。本文中で紹介した埼玉県蓮田市の新井堀の内遺跡の甕とくらべると小さいですが、甕のうえに緑泥片岩の蓋をかぶせていた点など類似点もあります。このような甕に銭を納めて埋めることは、商業活動のための備蓄と考えられます。出土地が大國魂神社の参道付近であることから、神社とのかかわりも考えられます。

赤坂山窯のやきもの

五頭山麓窯・赤坂山窯跡（新潟県阿賀野市）

鎌倉時代／新潟県教育委員会蔵

東北地方とともに北陸地方でも多くの瓷器系陶器窯がつくられました。そのひとつが五頭山麓窯群の赤坂山窯です。製品には褐色の甕、壺、片口鉢、すり鉢などがありました。赤坂山窯は大型の窯で、13世紀中葉に常滑窯の技術が直接導入されたとも考えられているのですが、壺の形や甕にほどこされた押印文は石川県加賀窯の製品に似たところもあり、一概に常滑窯の技術が伝播したものとも思われません。それとすり目のあるすり鉢は、常滑焼にはなく珠洲焼などの影響が考えられます。

岳《だけ》ノ谷《だん》窯のやきもの

越前窯・岳ノ谷窯跡（福井県越前町）

戦国時代／国立歴史民俗博物館蔵

15世紀後半以降になると、日本海沿岸の北海道から北陸地方の中世遺跡で使用される甕やすり鉢の大半が越前焼で占められるようになります。その背景には、戦国時代に急増する城館や城下町などでの消費の拡大がありました。越前窯では、需要に応えるために生産技術を大きく変化させました。岳ノ谷窯では、窯の規模を大きくすることで焼成量を増やすとともに、操業回数を増加しました。この時期の窯構造の変化は越前窯のみでなく、瀬戸・美濃窯、備前窯など各地の窯業地でみられることでした。

白石窯跡とやきもの

白石窯・一本杉窯跡（宮城県白石市）

鎌倉時代

宮城県では瓷器系陶器の窯跡が100基近くみつかっています。そのひとつが、白石窯の一本杉窯跡です。丘陵上に20基の窯があり、そのすべてが発掘調査されました。窯は分炎柱をもつ地下式の窖窯《あながま》で、折り重なるようにつくられています。製品は甕、壺、片口鉢、さらにはすり目をもつすり鉢、おろし皿、五輪塔などと実用品から宗教具までさまざまです。東北地方の瓷器系陶器窯は東海地方についで多かったのですが、そのすべてが鎌倉時代の終わりまでに操業を終了しました。

大戸窯跡とやきもの

大戸窯跡（福島県会津若松市）

鎌倉時代

古代から中世の窯跡が二百数十基確認されました。そのうち、中世陶器窯は須恵器系陶器窯が2基、瓷器系陶器窯が34基ありました。会津の地は日本海と太平洋の間にあり、両地域からの技術的影響が想定できるところです。出土した製品には北陸の瓷器系製品に似た甕、すり目をもつすり鉢などがあることから、瓷器系陶器と須恵器系陶器の技術をもつ新潟県の五頭山麓窯などとの技術交流があったものと思われます。

口絵 19

山《やま》茶《ちゃ》碗《わん》

穴田南 7 号窯跡（愛知県瀬戸市）

鎌倉時代初頭／瀬戸市蔵

東海地方では、古代に灰釉陶器を生産していたのですが、11 世紀後半になると無釉の山茶碗や皿、片口鉢の製品に移ってゆきます。このような無釉の山茶碗出現以降を中世陶器と考えています。無釉の山茶碗類は、愛知県を中心に岐阜県、静岡県でも生産され、東海地方のさまざまな階層の食膳具として供給されました。生産時期は平安時代末から鎌倉時代が中心で、南北朝時代以降もわずかに生産をつづける窯業地もありました。西日本の瓦器椀などとともに、中世前期を代表するやきものの食膳具です。

灰釉牡丹唐草文広口壺（瀬戸焼）

安国論寺遺跡（神奈川県鎌倉市）

高 25.1・胴径 27.3・底径 13.9㎝／鎌倉時代後半 ／安国論寺蔵

鎌倉市大町にある日蓮宗の安国論寺境内から出土したものです。灰釉牡丹唐草文広口壺とともに唐草文香炉、蓋付双耳環鉄壺、砥石が出土しており、寺院の地鎮のために埋納されたもののようです。広口壺には、ノミ状の工具で頸から胴部全体に唐草と牡丹の花を施しています。蓋は蓮の葉を表現し、頂部には茎を模した把手がついています。この広口壺は青磁酒会壺を模倣したものです。鎌倉市内では覚園寺開山塔、極楽寺方丈華厳院跡から同種の灰釉広口壺が出土しています。

瀬戸鉄《てつ》釉《ゆう》花瓶と褐《かつ》釉《ゆう》花瓶

若宮大路周辺遺跡・由比ヶ浜中世集団墓地遺跡（神奈川県鎌倉市）

鎌倉時代後半／鎌倉市教育委員会蔵

①　②　③

鎌倉市若宮大路周辺の遺跡から多数の方形竪穴建物がみつかっています。そのひとつから鉄釉花瓶が2点出土しました。①の文様は、頸部に蓮弁文を配し、胴部には巴の印花文を施しています。また、頸部に貼花手法により、双耳《そうじ》不遊環《ふゆうかん》を付しています。②の文様は、胴部に画花文手法により牡丹の花を施しています。③は、由比ヶ浜中世集団墓地遺跡から出土した中国製の褐釉花瓶です。瀬戸の鉄釉の瓶子や花瓶などは、この中国製の褐釉製品をモデルにしました。

瀬戸すり鉢と瓦質すり鉢

東五十子遺跡（埼玉県本庄市）

戦国時代前半／本庄市教育委員会蔵

瀬戸や美濃の窯では室町時代に入ると、碗・皿、すり鉢など日常の食器類の生産が増加するようになります。中央の瀬戸焼のすり鉢には全面に錆釉が施され、茶褐色となっています。錆釉とは鉄釉の一種で光沢のない釉薬です。その瀬戸焼すり鉢を模倣したものが右の瓦質すり鉢です。左の瓦質深皿は、瀬戸焼の折縁深皿を模倣したものと思われます。口縁は瀬戸焼のすり鉢に似ていますが、すり目がなく、底に三足がつく特徴は折縁深皿そのものです。

ふたつの時期のかわらけ

若宮大路周辺遺跡（神奈川県鎌倉市）
小田原城御用米曲輪（神奈川県小田原市）

鎌倉時代・戦国時代 ／鎌倉市教育委員会・小田原市教育委員会蔵

古代土師器の系譜を引く皿型のやきもので、手づくね成形のものとロクロ成形のものがあります。このやきものの用途を考えるうえで重要な点は、大量に廃棄されたことです。上は鎌倉市若宮大路遺跡群の例で、下は戦国時代の小田原城跡から出土した金箔かわらけです。このふたつの例では手づくねかわらけが多用されていますが、なぜ手づくねかわらけなのでしょうか。これらのかわらけは儀礼や饗宴の際に酒杯として使用されたもので、一度使用したら廃棄されたものと考えられています。

瓦《が》器《き》椀《わん》

博多遺跡群（福岡県福岡市）

鎌倉時代／福岡市埋蔵文化財センター蔵

瓦器椀は、中世の西日本を代表する食膳具です。古代の黒色土器の技術を継承するもので、焼成の最終段階に還元炎焼成の燻し焼きをおこない、表面を銀色の色調にしたものです。規格化と量産が進められた安価なやきものです。前列右は摂津の楠葉《くずは》型（大阪府）、左は和泉を中心とした和泉型（大阪府）といわれるもの、後列は筑前型とよばれる福岡県内で生産されたものです。畿内の瓦器が手づくね成形であるのにたいして、筑前型は回転台成形されたものでした。

関東地方の瓦《が》質《しつ》壺《つぼ》

祇園城跡（栃木県小山市）

鎌倉時代／小山市蔵

骨壺に使用された瓦質壺です。瓦質製品は、中世前期には西日本を中心に生産されていたのですが、なぜか東日本の群馬県、栃木県、埼玉県の地域でも瓦質の壺や片口鉢が生産されていました。壺のなかには、灰色を呈した須恵器に近い質感のもの、表面をヘラミガキし灰黒色に燻し焼きしたものなどがありました。常滑焼などの広域流通品の補完品として、瓦生産工人などが瓦以外のやきものを商品として生産することを目指したのではないでしょうか。

瓦質鍋

元島遺跡（静岡県磐田市）
兵庫津遺跡（兵庫県神戸市）

戦国時代 ／静岡県教育委員会・兵庫県教育委員会蔵

食べ物を煮炊きするための道具に鍋と釜があります。土製鍋・釜と鉄製鍋・釜はよく似た形であることから、土製品は鉄製品を写したものと考えられます。西日本では中世前期から土製鍋を盛んに生産していたのですが、東日本では室町時代になってから生産がはじまります。さらに東日本の鍋は内耳つきなのですが、西日本では耳がついていないのです。そこには、カマドや囲炉裏など調理の場のちがいなど、東西の食文化のちがいが反映されたのではないでしょうか。

瓦質火《ひ》鉢《ばち》と瓦質風《ふ》炉《ろ》

佐助ヶ谷遺跡（神奈川県鎌倉市）
尻八館跡（青森県青森市）

鎌倉時代・戦国時代／鎌倉市教育委員会・青森県教育委員会蔵

火鉢は暖房の道具、風炉は茶の湯の道具です。都市鎌倉からは菊などの印花を施した輪花形火鉢や鍔付火鉢などが多数出土しています。風炉は、茶の湯の発達とともに列島各地の城館や寺院などから出土します。火鉢や風炉の装飾の豊かさは、瓦質土器でも鍋や釜とはやきものとしての格のちがいを示し、都市や城館での出土は使用階層のちがいを示すものともいえます。この火鉢や風炉を代表する産地として大和国があり、その製品は列島各地に流通していたといわれています。

北武蔵出土の蔵骨器

築道下遺跡（埼玉県行田市）

鎌倉時代／埼玉県教育委員会蔵

埼玉県行田市の中世墳墓から出土した蔵骨器で、常滑焼の小型の広口壺（不《ふ》識壺《しきこ》）と片口鉢、渥美焼の壺、古瀬戸の瓶子などがあります。くわえて在地産の瓦質壺・片口鉢がみられるのは北関東の特徴といえます。蔵骨器に使用されるやきものは、それぞれの地域に流通するやきものに左右されます。この墓地のように、同一墓地内での蔵骨器の素材のちがいは何を意味しているのでしょうか。被葬者の階層のちがいでしょうか、それとも財力のちがいでしょうか。

湯《ゆ》築《づき》城《じょう》のやきもの

湯築城跡（愛媛県松山市）

戦国時代 ／愛媛県教育委員会蔵

道後温泉近くにある湯築城は伊予国の有力豪族河野氏の居城です。戦国時代後半の礎石建物のひとつから大量のやきものが出土しました。食膳具の中心は貿易陶磁器とかわらけで、貯蔵具・調理具は備前焼の甕・壺とすり鉢が大半を占めていました。西日本の戦国城館遺跡の食器類は、この湯築城の例に類似するのですが、貿易陶磁器は遺跡の性格や地域によって異なり、かわらけは城館の性格によってその量にちがいが出てきます。

葛《か》西《さい》城《じょう》のやきもの

葛西城跡（東京都葛飾区）

戦国時代／葛飾区教育委員会蔵

東京下町にある葛西城は、扇谷上杉氏や小田原北条氏の支配下の戦国時代の城館です。食膳具は瀬戸・美濃大窯製の灰釉皿・鉄釉皿、かわらけ、漆椀で、調理具は瀬戸・美濃大窯製のすり鉢、煮炊具は鉄鍋・瓦質内耳鍋です。関東地方の戦国城館の食器の傾向は葛西城に類似し、これに常滑焼の甕が加わります。貿易陶磁の白磁皿、染付皿が出土する遺跡もあり、それは瀬戸・美濃大窯製品に置き換わるものです。遺跡ごとのやきものの種類のちがいは、遺跡の階層差や地域差などが反映しています。

口絵 31

一乗谷の職人の家財道具

一乗谷朝倉氏遺跡（福井県福井市）

戦国時代 ／福井県立一乗谷朝倉氏遺跡資料館蔵

一乗谷の職人の家から出土した出土遺物です。食膳用の椀皿には、漆椀・皿、中国製の染付碗・皿、中国製を模倣した瀬戸・美濃大窯製の灰釉皿などがあります。調理具と貯蔵具には、越前焼のすり鉢と壺があります。明かりとりには、かわらけが灯明皿として使われていました。それと暖房具には、地元の笏谷石《しゃくだにいし》を使ったバンドコとよばれる行火《あんか》がありました。職人の家財道具としては、とても豊富なものといえます。商品流通の豊かな都市ならではの消費生活です。

中世考古〈やきもの〉ガイドブック

中世やきものの世界

はじめに

みなさんが中世のやきものをみる機会があるとしたら、それは美術館や博物館に行ったときではないでしょうか。これから紹介するやきものは、どちらかといえば美術館ではなく、博物館に展示されているやきものです。

それらは大半が遺跡から出土した「遺物」とよばれるもので、接着剤でつないだり欠けた部分を石膏で埋めた、つぎはぎだらけのものが多いはずです。なぜ、そのようなやきものを展示するかといえば、大半が当時の食生活を中心とする日常生活のさまざまな場面を実際に支えた道具だからです。博物館では、そのやきものをとおして中世社会の〝生の実態〟を伝えようとしているのです。

考古学研究者は、遺跡からやきものが出土すると、「なぜこの遺跡から出土したのだろうか」「これはどのように使われたのだろうか」そして「誰が使ったのだろうか」ということ、つまり当時の社会の実態を追究します。

私自身、さまざまな種類のやきものを理解することはとてもたいへんなことで、その上、やきものをとおして中世社会の一端をあきらかにするなどとはとても言えませんが、その手がかりを得ることはできるでしょう。

本書では、博物館の展示の前に立った観覧者の立場に立って、中世のやきものの素朴な疑問に答えるような情報を提供したいと考えています。

序章

中世考古学とやきもの

遺跡とやきもの

中世の遺跡で出土する遺物の九割以上が「やきもの」といわれています（図1）。たとえば鎌倉時代の首都であった神奈川県の鎌倉遺跡群の発掘調査では、金属製品や木製品もたくさん出土していますが、やはりもっとも多い遺物はやきものです。

なぜ遺跡からやきものがたくさん出土するのでしょうか。それはやきもの以外の漆椀や桶などの木製品は不用になれば燃料として使われ、鉄鍋などの金属製品はリサイクルにまわすことができるからです。また木製品は土のなかで腐り、鉄製品は錆びてしまいます。それにたいして、割れてしまったやきものの大半は使い道がなくなって捨てられるのですが、腐ることがないので地中に残りつづけます。

しかし、絵巻などの絵画資料をみても明らかなことですが、出土した遺物が当時の生活の実態をあらわしているとは思えません。中世にさかのぼらなくても、博物館の民俗展示コーナーにならぶ二〇世紀の民具をみてください。家のなかの生活用具、納屋の農具などの大半が木製です。やきものは食卓や厨房の食器類、仏壇の燭台《しょくだい》くらいでしょうか。むしろやきものは生活用具の中心とはいえません。そのような状況は、中世でもあまり変わらなかったのではないでしょうか。

それでも、出土したやきものを調べることは中世考古学にとって非常に大切なことです。それはやきものが食にかかわる道具だからです。

食事をするときの器である椀や皿、食材を調理するためのすり鉢、ものを貯蔵するための壺《つぼ》・甕《かめ》などが代表的な食にかかわるやきものといえますが、これらは地域や階層に関係なく誰もが使うもので、各地の遺跡から出土します。ただし、地域や階層が異なると、出土するやきものの種類や量に大きなちがいがあることがわかってきて、それが中世社会のあり方を知る手がかりになります。

考古学とやきもの

やきものに精通した研究者は、わずかな破片をみただけで「いつ、どこで」つくられたものかをいいあてることができます。それは、やきもの固有の情報を的確に把握できているからです。やきもの固有の情報とはなんでしょうか。それはじつにさまざまな種類と器種のやきものの形や色合い、硬さ、重さなどの感覚的な情報が考古学的に整理されたものです（図2）。

窯跡の研究によって生産されたやきものの器種を把握できます。さらに生産技術や生産体制などもわかってきます。そして、集落・都市・墓地といったさまざまな性格の遺跡での用途や使用年代などの情報とクロスチェッ

根来寺坊院跡（和歌山県岩出市）検出の埋甕

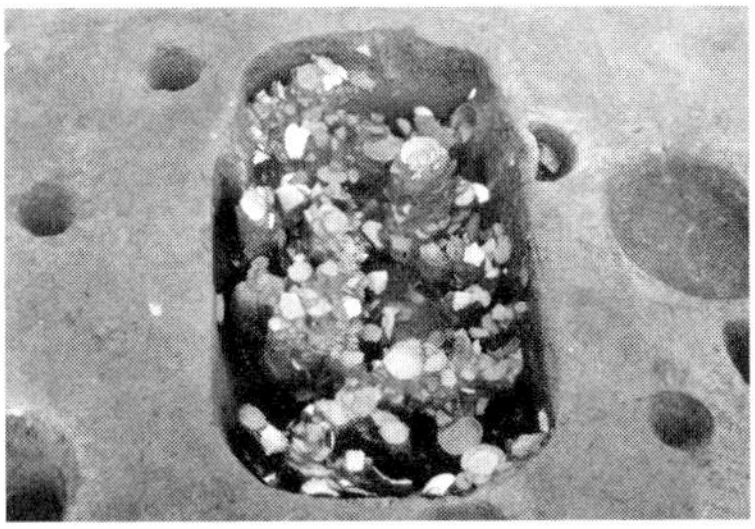

博多遺跡群（福岡県福岡市）のゴミ穴

発掘調査で検出されるやきものには、大きくふたつのパターンがあります。ひとつは根来寺坊院跡の埋甕のように、使用時の状態で検出されるばあいです。ふたつめは博多遺跡群のゴミ穴の例のように、不用になって廃棄されたものが確認されるばあいです。前者の例はやきものの使われ方がわかるのにたいして、後者は出土時にはその使われ方はわかりません。

図1　やきものの出土状況

クをくりかえし、その蓄積がやきものの破片から「どこで、いつつくられた」というような情報となるのです。

博物館の展示で、ほんのわずかな破片から完形品が復元され、「名称、時代、用途」などの細かな解説をつけることができるのは、このような研究成果があるからなのです。

「やきものを分類する」「やきものを数値化する」作業は、やきもの研究の基礎作業として重要なことなのですが、いずれもやきものに関する幅広い知識が要求され、くわえて膨大な資料を前にして臆することのない行動力が必要となります。

対象となる時期区分

中世のやきものの生産と流通の変化は、日本列島全域で横ならびになるものではありません。しかし、そのおおよその動向から、中世の前期と後期の二つに大別して話を進めたいと思います。

中世前期とは、一二世紀中葉〜一四世紀中葉で、平安時代の末期から南北朝時代のことです。

中世後期とは、一四世紀末〜一六世紀後半、室町時代から戦国時代のことです。

ここで中世前期のはじまりとした一二世紀中葉は、列島各地の窯業

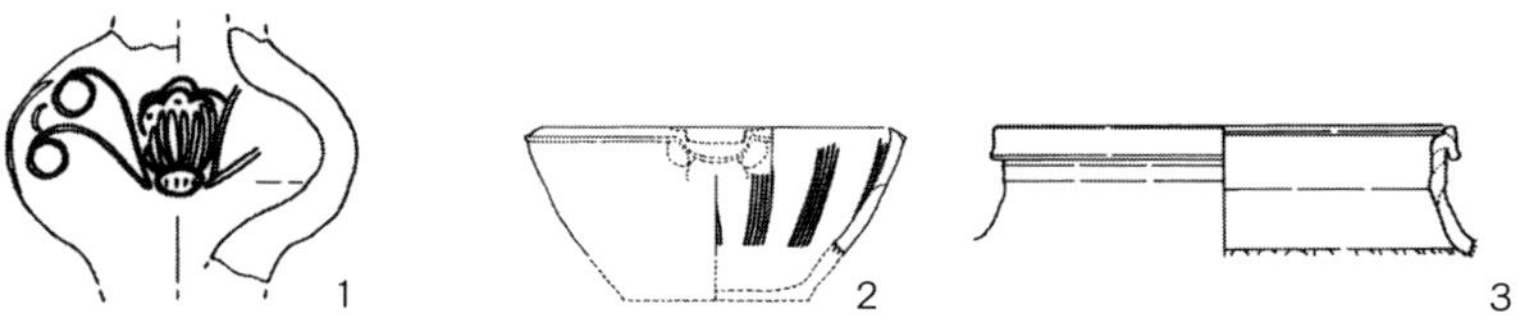

1は、灰釉がほどこされ、体部には印花文が配されていることから瀬戸窯の古瀬戸製品と判断できます。
2は、すり目をもっていること、口のつくりから、備前焼のすり鉢です。
3の甕は、幅のある口縁帯をもつことから常滑焼の甕と判断できます。

図2　鎌倉遺跡群で出土したやきものの破片

地（やきものの生産地）で「壺・甕・すり鉢」を中心とする生産がはじまるとともに、それらのやきものが商品として広域に流通するシステムが確立する時期です。しかし、一一世紀中葉にはすでに食膳具の椀や皿に変化がみられ、この時期を中世的やきものの成立と考える研究者もいます。

中世前期と後期の境とした一四世紀中葉から後半は、列島各地に点在した中世窯業地の大半が淘汰される時期で、引きつづき生産を継続する窯業地は、瀬戸《せと》窯、常滑《とこなめ》窯、越前《えちぜん》窯、信楽《しがらき》窯、丹波《たんば》窯、備前《びぜん》窯の「六古窯」とよばれる主要な生産地にほぼ限定されるようになります（図3）。また、同じころ、瓦器《がき》や土師器《はじき》などの土器にも器種に変化があらわれます。

そして、戦国時代のはじめ、一五世紀後半になると六古窯にほぼ集約された窯業地も、それぞれ合理的な生産体制と特定器種の増産を推し進めるようになり、それは近世的陶器生産のはじまりともとらえられています。

おおまかな時期設定ですが、それはこれから述べるやきものの分類や生産などの動向のなかで説明を加えてゆきたいと思います。

図3　六古窯の分布

第1章

中世やきものの世界

1 やきものといえば椀と皿

みなさんは「やきもの」というと、どのようなものを思い浮かべますか。ごはんをよそう茶碗、おかずを盛り付ける皿、コーヒーカップなどの食器を思い浮かべる人が多いのではないでしょうか。中世の遺跡からも、こうした食べるための器（食膳具《しょくぜんぐ》）がたくさん出土します。ただし、現在の食器とは材質や姿かたちがずいぶん異なります。まずは、中世の食膳具の世界を椀・皿を中心にみていきましょう。

中世の椀と皿は、土師器のような質素なものから、中国陶磁器のような高級なものまでさまざまなものがありました。もちろん、木製の器や漆器もたくさん使用されていました。

土師器は古代を代表するやきもので、素焼きの土器です。古代には皿型の坏《つき》や椀など多くの器種があったのですが、しだいにその種類は減少し、中世では皿が中心となります。その皿を「かわらけ」とよんでいます。

つぎに椀についてみてみましょう。

その前に「椀」の表記についてふれておきたいことがあります。一般的に陶磁器製のものは「碗」、漆器など木製のものは「椀」と表記しますが、西日本の研究者の多くは土器製品も「椀」と表記しています。研究者によっては土師器、須恵器《すえき》などのやきものは「埦」と厳格に分けて表記する人もいます。ここでは、西日本の研究者と同様に土器製品は「椀」、陶磁器の製品は「碗」と表記し、食膳具全般について説明するばあいは「椀」の表記を使いたいと思います。

椀の表記については、研究者によりこだわりがあり、統一されていません。各地の博物館の展示の表記を是非とも確認してみてください。

さて、中世前期にかぎられることなのですが、東海地方では無釉陶器碗という古代の灰釉陶器の技術を継承するものが使用されていました。「山茶碗《やまちゃわん》」ともよばれるものです（口絵19）。畿内と北九州では古代の土師器のひとつである黒色土器の系譜上にある瓦器椀が使用されていました。これは古代の土器とはちがい吸水率が高く、硬度の低い安価なやきものとして普及しました。そして瀬戸内海沿岸には土師器椀などが普及していました（図1）。

それでは、東日本ではどうだったのでしょうか。食膳具として出土する大半はかわらけ、つまり土器の皿です。それに中国陶磁器の碗・皿が少量確認されているのみなのです。これは質と量のちがいはあれ、東日本各地の遺跡でみられる傾向です。

当然、中国陶磁器が日常的な食膳具として主流だったとはいえません。一般的にやきものがないところでは、漆器が使用されていたと考えられています。とくに東日本はその傾向が強かったといえます。

古代において漆器は貴重な器で、庶民が使用するもので

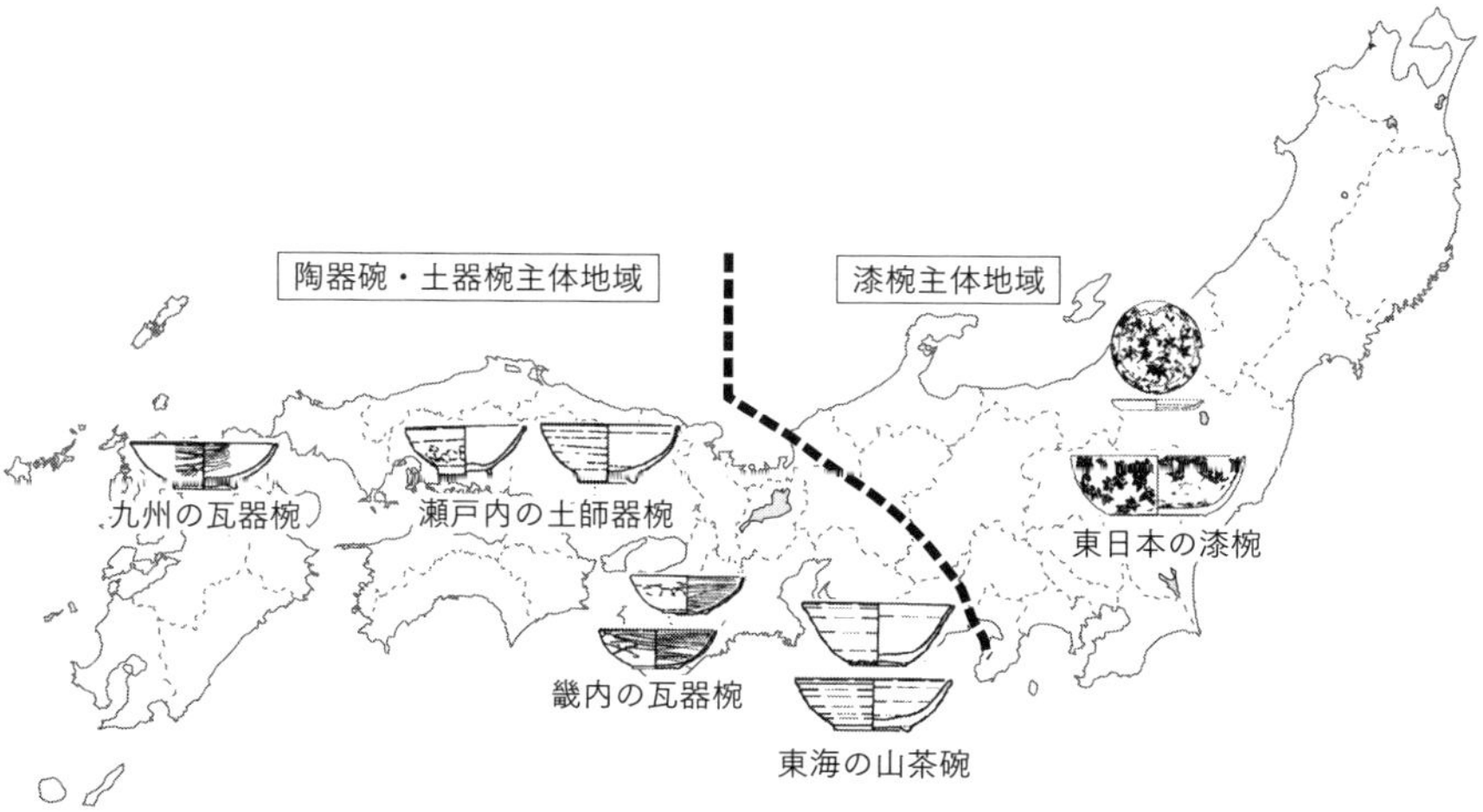

図1　中世前期の椀（碗）の分布

はなかったのですが、中世では漆器生産の技術改良が列島各地でおこなわれるようになったと考えられています。このような普及品への技術的転換は中世食器文化の大きな特徴といえるでしょう。

絵巻に描かれた食膳具

室町時代のはじめ、一三五一年（正平六）に絵師藤原隆昌《たかまさ》が描いた本願寺三世覚如《かくにょ》の伝記『慕帰絵詞《ぼきえことば》』には、宴会やその準備のための厨房の様子が描かれています。そのなかに、木製の四角い盆である衝重《ついがさね》に大小のかわらけがのっている場面があります（図2）。

『慕帰絵詞』が描かれたのと同じころの京都の発掘調査の成果ではどうでしょうか。宇野隆夫さんの分析によれば、下京の商業地では、食膳具はかわらけが九五パーセント以上を占め、瓦器や国産陶器の椀・皿はほんのわずかしか出土せず、むしろ中国陶磁器の碗・皿の出土数のほうが多い傾向にあるとのことです。

当然、絵画と発掘調査が一致するわけではないのですが、発掘調査と絵画のちがいは、木製の衝重・折敷《おしき》や漆器椀、鉄製鍋などが発掘調査では欠けていることです。発掘調査で出土した食膳具は、中国陶磁器の碗・皿が多いとはいっても、その数量はとても少ないものです。やはり漆椀・皿も使われていて、それらは土のなかで朽ちてしまったと考えるべきでしょう。

四柳嘉章さんは、京都だけは周辺部と異なって、宮中や寺院の儀式、調度に不可欠な高級漆器と、下地に漆でなく柿渋を塗った廉価な渋下地《しぶしたじ》漆器が、中世前期から普及していたと述べています。

かわらけ

かわらけには、手でかたちを整えた手づくね製とロクロで成形した二種類があります。手づくねかわらけは京都を中心に畿内・北陸地方などで、中世全般をとおして分布していました。畿内と北陸地方以外の地域のかわらけは、ロクロを用いてつくられたものが主流でした。しかし、一二世紀中葉と一五世紀後半の二時期に、列島各地に手づくねかわらけの影響がおよぶことが知られています。この二つの時期は、中世のはじまりの時期と近世への転換期でもあります。

さて、手づくね、ロクロを問わず、かわらけは食膳具のなかでとびぬけた出土量をほこる器種です。そのかわらけの出土量は、手づくねかわらけの全国的な波及とともに、その機能を考えるうえで重要な要素を含んでいます。

廃棄量は、かわらけが食膳用の皿として使用されたものとは考えられない量であり、大量廃棄される場所が、武家の居住空間周辺であることな

奥の棚の上に大小のかわらけと箸をのせた衝重が、棚の下には重ねた折敷とかわらけがあります。食事をする僧の前には、瓶子（へいし）・盤（ばん）などがあります。鉄製品は黒、やきものは緑、かわらけは白、折敷などの木製品は茶と素材別に色分けされて描かれています（国会図書館所蔵模本より）。

図２『慕帰絵詞』に描かれた食器

どから、儀礼・饗宴と密接にかかわるものではないかと考えられています。かわらけは中世社会の儀礼を考えるうえで重要なやきものです。

2　中世やきものを代表するすり鉢

すり鉢と片口鉢

味噌や胡麻、山芋などの食物をすりつぶしたり、あえ物などをつくる道具、すり鉢は、中世を代表するやきものといわれています。時代を問わず列島各地から出土します（図3）。現在の私たちもすり鉢を使いますが、使用する機会はそんなに多くはないのではないでしょうか。

中世にすり鉢が発達した理由のひとつに、仏教の精進料理をあげる人もいます。大豆や山芋などをすりつぶし豆腐や高野豆腐などさまざまな食材をつくりだします。それが当時の庶民にまでゆきわたる食文化とはいえませんが、素材を加工して新たな食材をつくる工夫はしだいに列島各地に広がっていったことはまちがいないと思います。すり鉢はその後の日本の食文化の形成に欠くことのできない重要な役割を担った道具のひとつです。

すり鉢にはすりこ木と切匙《せっかい》（すり鉢の内側についたものをかき落とす道具）がセットです。すりこ木は木製が普通ですが（口絵2）、まれにやきもののすりこ木がみつかることがあります（第3章図2参照）。

さて、このすり鉢には「すり目のないもの」と「すり目のあるもの」の二種類がありました。古代のやきもの生産地から中世やきもの生産地に転換した兵庫県の東播《とうばん》窯や愛知県の常滑窯・渥美《あつみ》窯では「すり目のないもの」が生産されていました。これにたいして「すり目のあるもの」の生産は、一二世紀後半に石川県の珠洲《すず》窯や岡山県の備前窯ではじまったものと考えられています。

両者ともに、その起源は大陸や朝鮮半島にあるといわれています。強いていえば、すり目がないものを生産する窯は古代以来の保守的な形態を維持したのにたいして、すり目を入れたすり鉢を生産した窯は新たな革新的な生産といえるのでしょうか。ちなみに、福岡県の博多周辺の遺跡からは、中国製のすり鉢が確認されています。

発掘調査で確認されたこの二種類のすり鉢は、内面がおなじようにすりへっていることから使い方にちがいはなかったと考えられます。そのようなことから両方ともすり鉢とよぶ研究者もいます。機能が同じであることから、すり鉢とよぶのが一番正しいのかもしれませんが、形態の異なるものを同じ名前でよぶことは何かと不

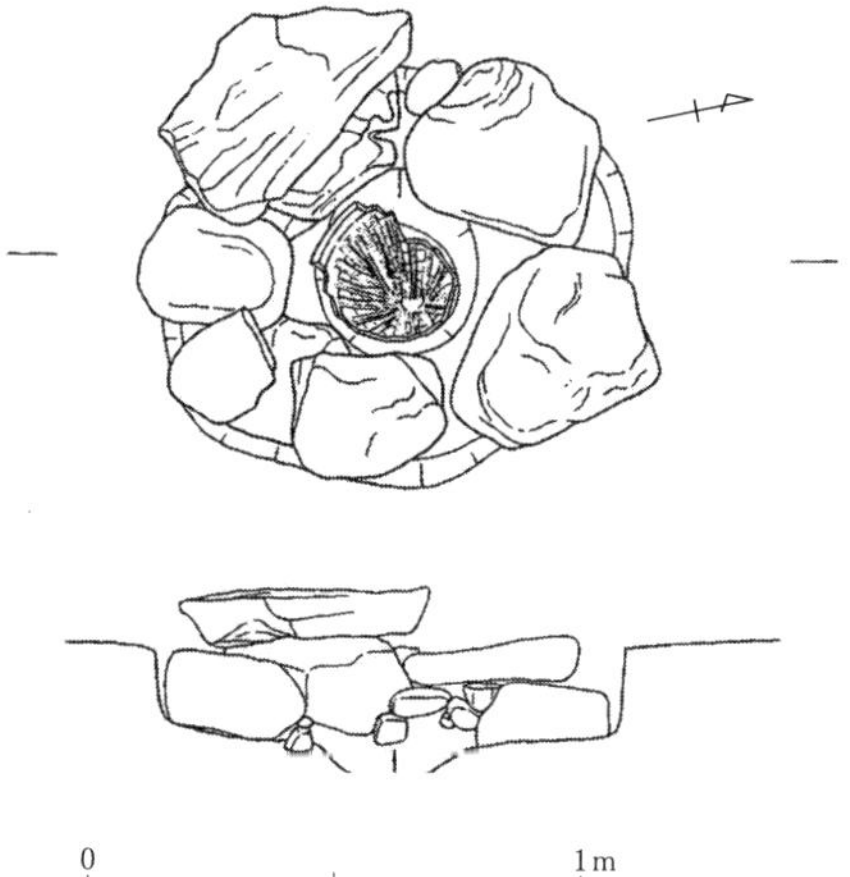

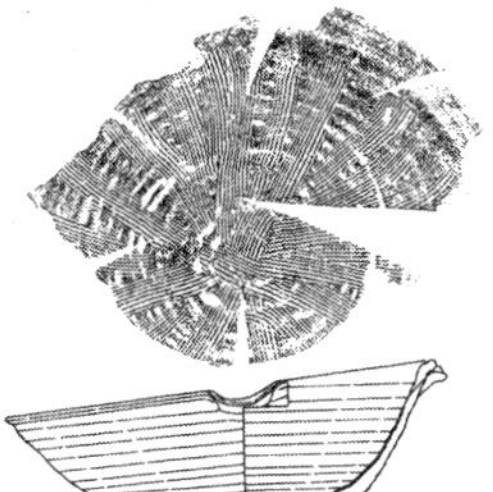
すり鉢

遺跡でみつかるすり鉢は、たいていが破損して堀や穴に捨てられたものですが、南黒丸遺跡のばあいは、石にかこまれた穴のなかにすり鉢が据えられていました。竈（かまど）のような火処（ひどころ）に使われたようです。すり鉢が転用された例です。

図３　南黒丸遺跡（石川県珠洲市）のすり鉢の出土状況

都合があると考えるのが考古学研究者です。そこで、すり目のあるものを「すり鉢（擂鉢・摺鉢）」と表現し、すり目のないものを「片口《かたくち》鉢《ばち》」もしくは「こね鉢（捏鉢）」とよんだりしています。

こね鉢という名前は、食材をこねるのに使用したと考えるからですが、器の大きさからみて、食物を「こねる」ということができたのでしょうか。食べものを「あえる」程度だったとしか思われません。たとえば粉物をこねる道具としては木製のこね鉢があったはずです。江戸時代になると陶器のこね鉢がつくられるのですが、それは木製のこね鉢のように内面が丸くつくられていました。そのようなことから、すり目のない鉢をこね鉢とよぶことはふさわしくないような気がします。

いっぽう、片口鉢とよぶようになったわけは、すり目がある鉢もすり目がない鉢もともに口縁部に一カ所、注ぎ口である片口がついており、やはり分けて考えたいとする研究者が、すり目のないものを片口鉢とよぶようになりました。ここでは、「すり目のないもの」を片口鉢とよぶことにします。

女性が両足ですり鉢を押さえ、すりこ木で薬を調合しています。すり鉢にすり目があるかどうかはわかりませんが、描かれた時代を考えると、東播焼か常滑焼の片口鉢でしょうか（京都国立博物館所蔵本より）。

図４『病草紙』に描かれたすり鉢

文献が語るすり鉢

すり鉢の名が出てくるもっとも古い記録は、鎌倉時代後期の一二七九年（弘安二）に、臨済宗の僧侶、無住《むじゅう》が著した『沙石集《させきしゅう》』です。その『沙石集』巻第五末に「薬師を御前ニ御誕生　心太ニゾ似タリケル

スリコ鉢ニ指入テ　榎ノマタニゾ置テケリ」とあります。「スリコ鉢」は、『沙石集』の説明では「摺粉鉢」「すりばち」とあります。

その後、すり鉢は、室町時代から戦国時代にふえてくる料理書に多くみられるようになります。そこでは、「スリコ鉢」「すりこはち」「スリはち」「磨鉢」「摺鉢」「スリコハチ」などと記されています。基本的に「スリハチ」「スリコハチ」とよばれ、あてられる字は「摺」「磨」などです。

荻野繁春さんは、すり鉢を「『財産目録』に顔を出さない焼物」と表現しています。それは、中世の財産目録には、金属製品や酒壺など特別なやきものは記されているのですが、台所で使われるような日常的なやきものはほとんど記載されていないからです。

絵巻物などの絵画資料にすり鉢が描かれた例がよくあります。もっとも古いとされるものが『病草紙《やまいのそうし》』です。平安時代末から鎌倉時代はじめに描かれた絵巻物です。両足ですり鉢を抱えた女性がすりこ木で薬草をすっている様子が描かれています（図4）。当時、どこまで正確に描写されたのかという疑問はあるのですが、ここに描かれたすり鉢には、すり目が表現されていません。

3　煮炊きのためのさまざまな鍋

鉄鍋と土鍋、石鍋

煮炊きのための道具の代表は鍋と釜です。鍋と釜には金属製とやきもの製、それと石製があるのですが、おそらく一番使われていたのは鉄製のものと思われます。それにもかかわらず、中世をつうじて土鍋・土釜が各地の遺跡から出土します。

その鍋と釜の機能ですが、一般的に鍋はみそ汁のような汁や煮物を調理するときに使い、釜は湯沸かしや炊飯などに使われたのではないかと考えられます。しかし、中世では米のような穀類と副食を揃えて食事ができるような階層の人は少なく、多くの人びとは雑炊のようなものを食べていたのではないでしょうか。

中世資料にみる煮炊具

鍋・釜は、中世全般にわたり財産目録によくみられます。網野善彦さんは『中世再考』のなかで、鎌倉時代後期の一二六一年（弘長元）の『力王丸田畠家財譲状』という文献を紹介しています。仁和寺の牛飼童《うしかいわらわ》（牛飼いは童姿をしていたといわれています）の力王丸が、ふたりの息子に譲るべき品物を書き上げたものです。そのなかに「かま（釜）、いしなへ（石鍋）、かねゝへ（鉄鍋）」とあります。また近世初期、一六〇六年（慶長一一）の「甲州八田家家財目録」には「なへ大小　三ッ」「かま大小　五くち」などと記されています。さきにみたすり鉢とちがって鍋・釜が財産と考えられていたことがわかります。八田家は武田氏の家臣で、軍事物資の調達などもおこなっていた家です。

木製の囲炉裏（炭櫃、火櫃といわれるものか）で、五徳に鍋をのせて調理しています。鍋は黒色に描かれていることから鉄鍋と考えられます。14 世紀の京都のことですから、土鍋も考えられますが、寺院などでは鉄鍋が常用されていたと思われます（国会図書館所蔵模本より）。

図 5 『慕帰絵詞』に描かれた鉄鍋

絵画資料ではどのように描かれているでしょうか。食膳具のところでもとりあげた『慕帰絵詞』では、厨房で火櫃《ひびつ》に五徳《ごとく》を置き、その上に鉄鍋をかけて調理する場面があります（図5）。

しかし『慕帰絵詞』の厨房の描写は庶民の暮らしとはかけはなれたものです。庶民はどのように煮炊きをしていたのでしょうか。

時宗の開祖の一遍（一二三九―一二八九）の布教活動を当時の人びとの姿や建物とともに写実的に描いた『一遍聖繪《いっぺんひじりえ》』の、信濃国佐久郡の伴野市《とものいち》の場面では、掘立小屋のなかで乞食が、簡易な竈《かまど》のような火処に鉄鍋を置き食事の準備をしているところが描かれています（図6）。これと同じとはいえませんが、当時の百姓たちは、屋内の土間もしくは板の間につくられた簡易な囲炉裏で調理していたのではないでしょうか。

さて、『慕帰絵詞』『一遍聖繪』と

信濃国佐久郡の伴野市の場面で、掘立小屋のなかで乞食が鉄鍋を使用している風景です。中世の長野県周辺では鉄鍋、土鍋とも内耳がついたものが使われていたことがわかっていますが、この鉄鍋に内耳はありません。『一遍聖繪』は、人物や建物が非常に詳細に描かれているのですが、信濃で当時使われていた鍋までは描写されなかったのでしょうか（国会図書館所蔵模本より）。

図6　『一遍聖繪』に描かれた鉄鍋

もに鍋は黒色で表現されていることから、鉄鍋と思われます。このような文献資料や絵画資料から、中世では貧富を問わず鉄鍋を使っていたことがわかります。

鉄鍋の起源

鍋には内側に耳のある内耳鍋と耳のない鍋があります。内耳鍋は、耳の部分に植物の蔓《つる》などを通して囲炉裏の上に架けて使用したものと考えられます。

平安時代に俘囚《ふしゅう》の王出羽清原氏の居城であったと伝えられる秋田県横手市の陣館《じんだて》遺跡から出土した内耳鉄鍋は、じつに一一世紀という早い段階の遺構から出土したものでした。また平泉藤原氏の本拠地の岩手県平泉町の平泉遺跡群や鎌倉幕府のおかれた鎌倉遺跡群などからは、内耳鍋を吊るすために使う自在鉤が出土しています。このような考古学的成果から、内耳鉄鍋の起源は東北地方にあったと考えられます（図7）。

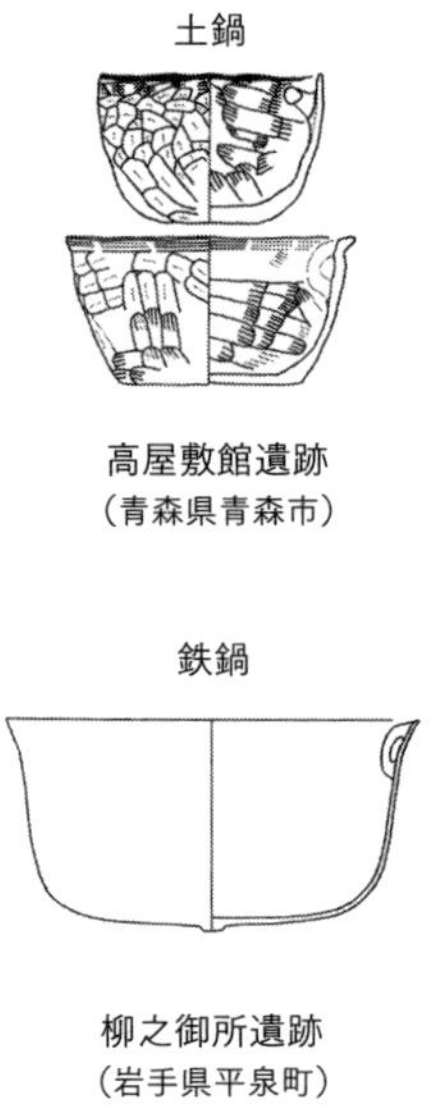

古代末の内耳鍋
青森県の 10 ～ 11 世紀ごろの集落遺跡から内耳土鍋が出土しています。そして秋田県陣館遺跡や岩手県柳之御所遺跡からは 11 ～ 12 世紀の鉄鍋が確認されています。この鉄鍋の出現には、古代の内耳土鍋の影響があったのではないでしょうか。

図 7　内耳鉄鍋と内耳土鍋

しかし、西日本の世界を描いた絵画資料をみると大半は、たとえば先ほどの『慕帰絵詞』に描かれているように、鉄鍋は五徳の上において使われたもので、内耳鍋ではないことがわかります。ただし、発掘された鉄鍋をみるかぎり、東日本の内耳鉄鍋が西日本の鉄鍋に先行して普及していた可能性が高かったかもしれません。

鉄鍋を中心に説明してきたのですが、遺跡からは土製の煮炊具もたくさん出土します。その土製の煮炊具は、鉄製の鍋や釜を模倣したものです。土製が鉄製にまさる理由は、耐熱性が高いところではないでしょうか。

耐熱性が高い煮炊具には石鍋もありました。長崎県西彼杵《にしその ぎ》半島で大規模な生産遺跡が確認されており、博多遺跡群など西日本での出土が多いのですが、鎌倉遺跡群をはじめとする東日本の遺跡からも出土が確認されています。上層階級では料理によって煮炊具を使いわけたのでしょうか。また耐熱性が高いことから、壊れた石鍋は温石《おんじゃく》（カイロ）に転用されていました。

4　容器・コンテナとしての壺・甕

中世のなんでも容器

やきものの甕や壺は酒、油、水といった液体や味噌などの容器として使われました。また、酒や味噌の醸造、藍染めなどの生産用具として使われていた割合もとても高かったと考えられています。

当時の生産とのかかわりという点では肥甕や便所甕をあげる研究者もいます。中世は、農業生産の技術が飛躍的に進歩した時代ともいわれており、そのひとつが肥培技術の発達であり、人糞をたくわえる肥甕の普及です。しかし、高価なやきものの甕が肥甕としてどこまで普及していたのか疑問もあります。また農業とのかかわりでいえば種壺もあります。種籾《たねもみ》の貯蔵や浸種《しんしゅ》のための容器です。

さらに甕や壺は、酒、穀物類、それと地方の特産品を運ぶためのコンテナとしても大きな役割を担っていたと思われます。

こうした入れ物として使われるものを貯蔵具とよんでいます。貯蔵具にはやきものの壺・甕のほかに木製の曲げ物・桶がありましたが、木製容器は土中で長い間に朽ちてしまうことから、出土するものは圧倒的にやきものです。

貯蔵具には中国陶磁器と国産陶器・土器がありますが、圧倒的に国産陶器の数が多く、その器種も多様でした。器種が多いのは貯蔵具の用途が多岐にわたっていたからです。

貯蔵具としての壺と甕

貯蔵具の代表器種は、壺と甕です。考古学では、壺は小型で胴部より口径が短いやきものを、甕は比較的大型、口が広く、頸の短いやきものをさします。実際のところ、どちらに含めてよいのかわからない形状のやきものもあります。

ちなみに、中世の文献では貯蔵用の容器として「酒壺」「油壺」のように具体的な用途を示した表現をされることが多く、また「甕」という表記はあまり登場しません。イエズス会が刊行した日本語・ポルトガル語の辞書『日葡《にっぽ》辞書』では「Came（甕・瓶）」の意味は「壺」とあります。「壺」は「胴が丸くふくれた陶磁器の容器、または取っ手のついた水差しや花瓶など」とあります。中世には、考古学的に「甕」と分類されるものも「壺」とよんでいたようです。

壺と甕は、その形状や容量によって、用途にちがいがあるのでしょうか。荻野繁春さんが福井県の一乗谷《いちじょうだに》朝倉氏遺跡で出土した貯蔵具を分析しています（図8）。

大型の甕は高さ八八センチ、胴まわり八七センチで、およそ一石五斗（約二七〇リットル）も入ります（戦国時代の終わりころの備前焼には二石入り、三石入りと刻まれた大甕がつくられていました）。それから五斗（約九〇リットル）、四斗（約七二リットル）、三斗（約五四リットル）、小型のもので一升（約一・八リットル）入りと変化に富んでいます。

大型のものは埋甕にして藍甕、醸造甕のような生産用具として利用されたと推測されます。五斗くらいの大きさだと家屋のなかで水甕に利用するのに手ごろです。

壺は大きなもので一斗五升（約二七リットル）、

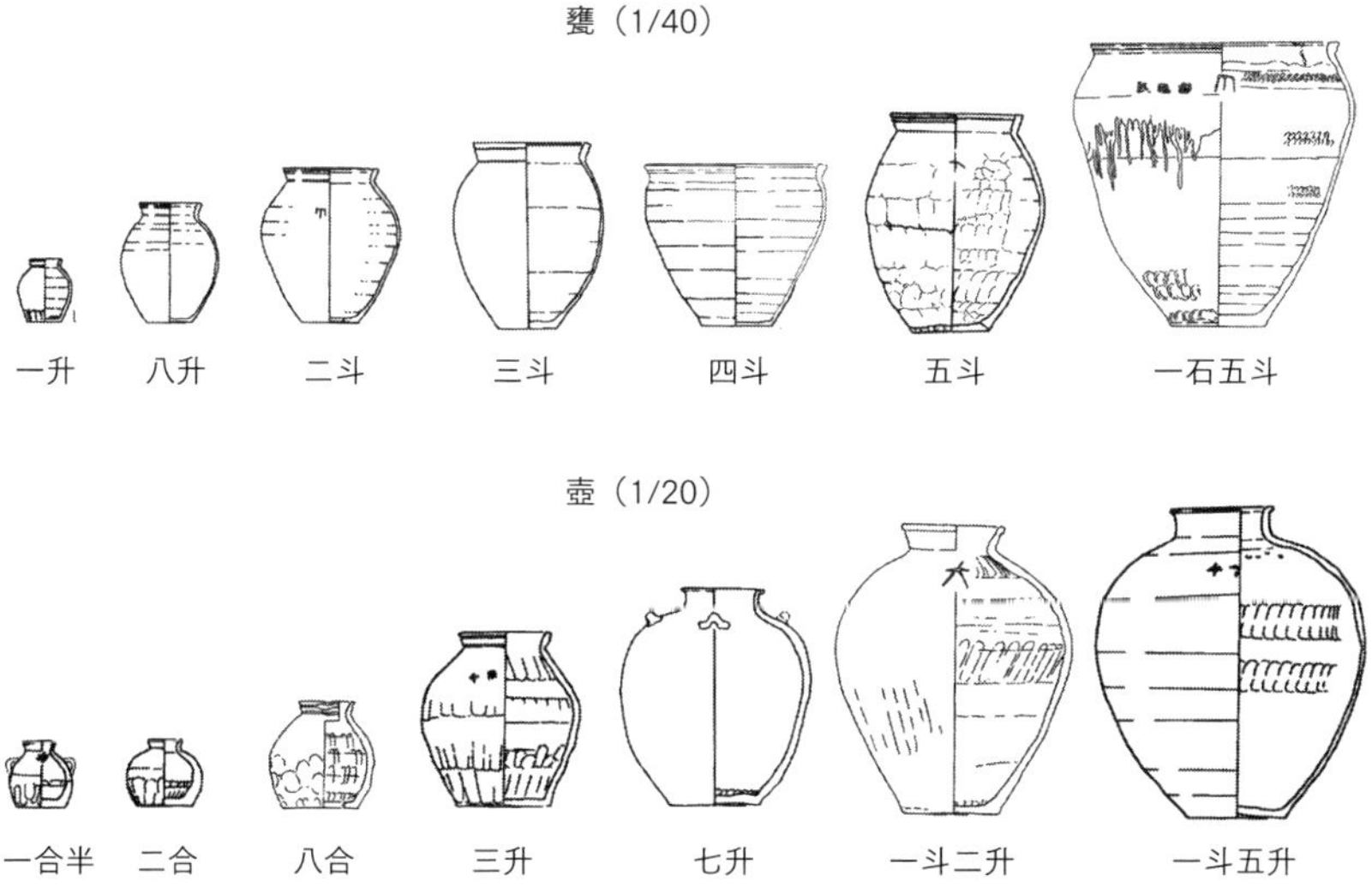

図8　一乗谷朝倉氏遺跡（福井県福井市）出土の越前焼の壺と甕

一斗二升（約二二リットル）、小型なもので二合（約〇・三六リットル）、一合半（約〇・二七リットル）ほどのものがあります。酒や穀類、茶葉などを入れたのでしょうか。なお、小型の甕にも壺と容量のちがわない一升、八升のものがあり、壺と甕、両者の明確な使い分けはわかりません。

埋甕は何に使われたのか

一乗谷朝倉氏遺跡は現在、発掘調査にもとづいて当時の町が復元されていて、その町並みを歩いてみることができます。歩いてまわると、復元された武家屋敷の土間に据えられた越前甕、町屋の土間に下半分を地面に埋められた越前焼の大きな甕をみることができます。ひとつのみのものもあれば、二〇個以上の甕がならぶものもあります（図9）。

このような埋甕《うめがめ》は、室町時代の京都、広島県福山市の草戸千軒町《くさどせんげんちょう》遺跡、広島県尾道市の尾道遺跡、戦国時代の和歌山県の根来寺坊院《ねごろじぼういん》跡など、畿内や瀬戸内海沿岸の港町、城下町、寺院などの都市遺跡でよく確認されます。

この埋甕は何に使われたのでしょうか。最初に浮かぶ用途は食料の備蓄でしょうか。酒好きの方は酒の醸造を思い浮かべるかもしれません。いまでも九州では焼酎や酢の醸造にやきものの甕が利用されています。しかし、中世の終わりごろになると、酒の醸造には木製の結桶《ゆいおけ》が使われるようになりました。やきものでは備前の大甕でも三石入りであったのにたいして、結桶には一〇石（約一八〇〇リットル）入りもあり、その生産量はけたちがいに増えました（江戸時代には三〇石の桶も使われました）。商業ベースの醸造では、やきものの大甕から結桶へと移行していったことはまちがいないことです。

中世の絵画資料に埋甕が描かれた例があります。一五〇〇年ごろにつくられたといわれる『七十一《しちじゅういち》

一乗谷朝倉氏遺跡（福井県福井市）
復元された埋甕遺構です。ひとつの遺構から 27 個の埋甕跡が確認された遺構もありました。

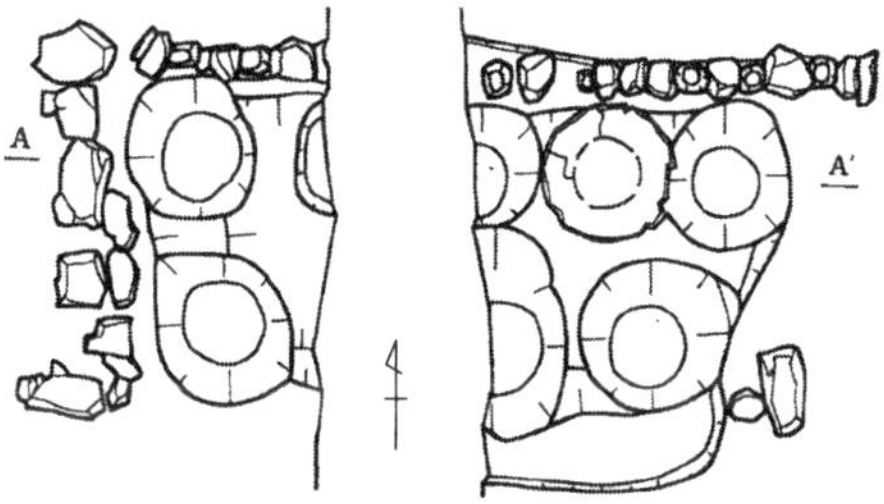

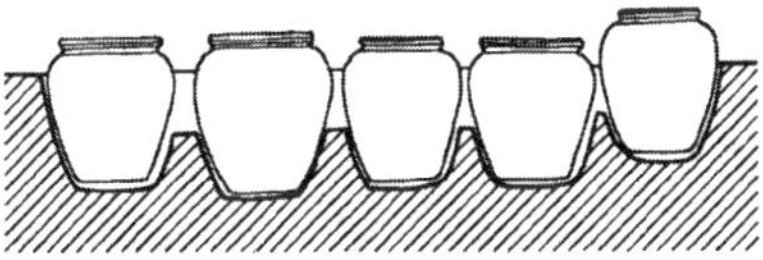

根来寺坊院跡（和歌山県岩出市）
根来山内の坊院の半数近くから埋甕遺構（甕倉）が確認されています。その中身は油ではないかといわれています。

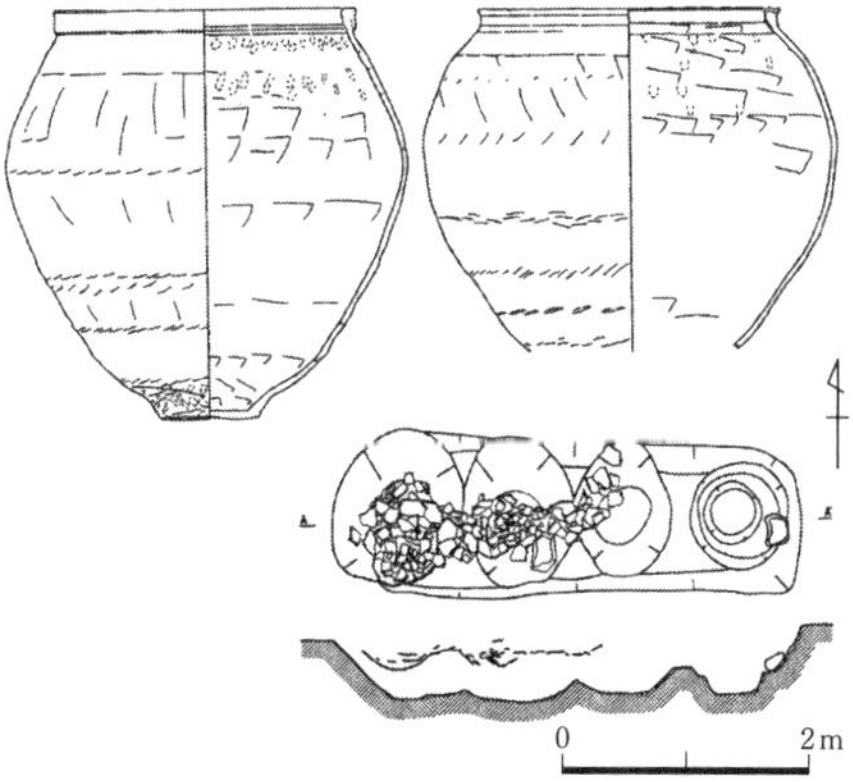

小田原城下御組長屋遺跡
（神奈川県小田原市）
戦国時代の小田原城下で確認された埋甕遺構と検出された常滑大甕です。容量は１石５斗ほどでしょうか。

図９　戦国時代の埋甕遺構

番職人歌合《ばんしょくにんうたあわせ》』という絵巻には、女性が土中に埋まった甕のかたわらで布を染めている「紺掻《こうかき》」が描かれています（図10）。紺掻とは紺屋のことで、布を藍で染めるのに大甕を使っているのです。そのような例から、一乗谷の埋甕は藍甕の可能性が高いと考えられます。

根来寺でも多くの坊院跡から埋甕（大半は備前焼の大甕）が確認されています（図9）。この寺院の発掘調査に関係した菅原正明さんは、それらの甕には胡麻油が貯蔵されていたのではないかと推測しています。

こうした遺構は、室町時代から戦国時代になり、多くの階層の人びとが藍染めの着物を着たり、油を使った料理を食べるようになったことを示していると考えることができます。

ただし東日本では、埋甕の発掘例があまりありません。中世前期の鎌倉遺跡群の埋甕の出土例はすべて単独でした。戦国時代の小田原北条氏の本拠地、小田原城下の御組長屋《おくみながや》遺跡から四つの常滑甕がならんだ遺構が確認されています（図9）。これは根来寺とおなじ甕倉ではないかと考えらえているのですが、東日本ではめずらしい事例です。

小田原北条氏の軍事的拠点のひとつであった東京都の八王子城跡からは、常滑焼の大壺、大甕が出土

図10 『七十一番職人歌合』に描かれた藍甕
（東京国立博物館所蔵模本より）

しました。その出土箇所が領主の住まいであった主殿に隣接することから厨房の可能性が考えられます。水や食物の貯蔵などのために使われたものでしょうか。しかし、埋設した痕は確認されていません。平安時代末期の平泉遺跡群でも多数の常滑焼や渥美焼が出土するにもかかわらず、埋甕が発見されていないことが報告されています。

　このように東日本では埋甕の事例が少ないのは、甕の使い方に東西でちがいがあったのではないでしょうか。東日本では甕を埋設しない使い方を考える必要があるかもしれません。

コンテナとして動く壺

　壺や甕の重要な使い方に運搬のための容器があります。なかでも一番に思い浮かぶのは、茶壺ではないでしょうか。

　茶どころの宇治に近い信楽窯製の壺、瀬戸窯製の「祖母懐《そぼかい》壺」とよばれる四耳壺などが有名です。戦国時代の信楽焼の壺は、新潟県胎内《たいない》市にある中世の広大な荘園「奥山荘《おくやまのしょう》」の惣領地頭中条氏の館跡・江上《えがみ》館跡をはじめ、青森県青森市にある浪岡北畠《なみおかきたばたけ》氏の居城、浪岡城など遠く東北地方まで確認することができます（図11）。

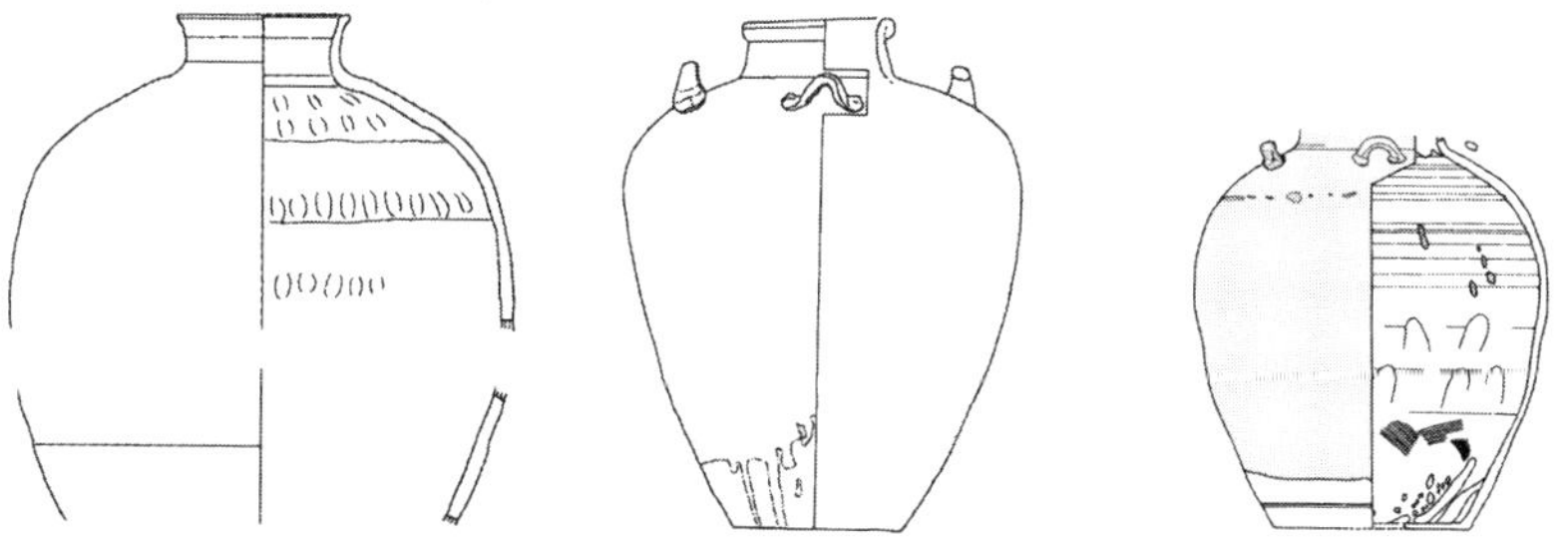

信楽壺
下町・坊城遺跡
（新潟県胎内市）

古瀬戸鉄釉壺
至徳寺遺跡
（新潟県上越市）

中国製黒褐釉壺
浪岡城
（青森県青森市）

図 11　遺跡出土の茶壺

鎌倉時代中葉の文永元年（一二六四）四月の文書に、「東国沽酒《こしゅ》事」という幕府からの禁令があります。それは、筑紫《ちくし》から酒を入れた「土榼《つちだる》」を鎌倉に運び込むことを禁止する内容です。「榼」は樽を意味する言葉のようですが、「土」がつくことから考えてやきものをさしているようです。

当時の筑紫、いまの福岡県にはやきものの産地はなく、博多で使われていた貯蔵具の多くは中国陶磁器でした。そのような状況から推測すると「土榼」は、鎌倉市中の発掘でよく出土する中国製陶器の壺をさしているのではないかと考えられます（図12）。

鎌倉で出土する中国製や西日本の備前焼や東播焼の壺や甕は、それ自体が商品だったのではなく、西日本の特産品を運んできたコンテナだったのではないでしょうか。

少し時代はさかのぼるのですが、『吾妻鏡』に平泉から京都に金や馬とともに山海珍味が贈られたことが記されていますが、その山海珍味はホヤやウニなどの北の海産物で、やきものの壺に塩漬けにして運ばれた

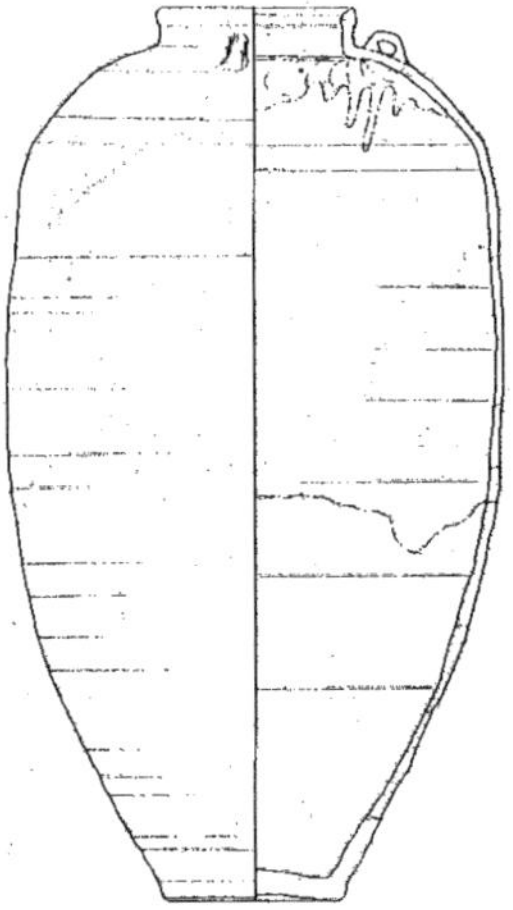

安達泰盛邸出土

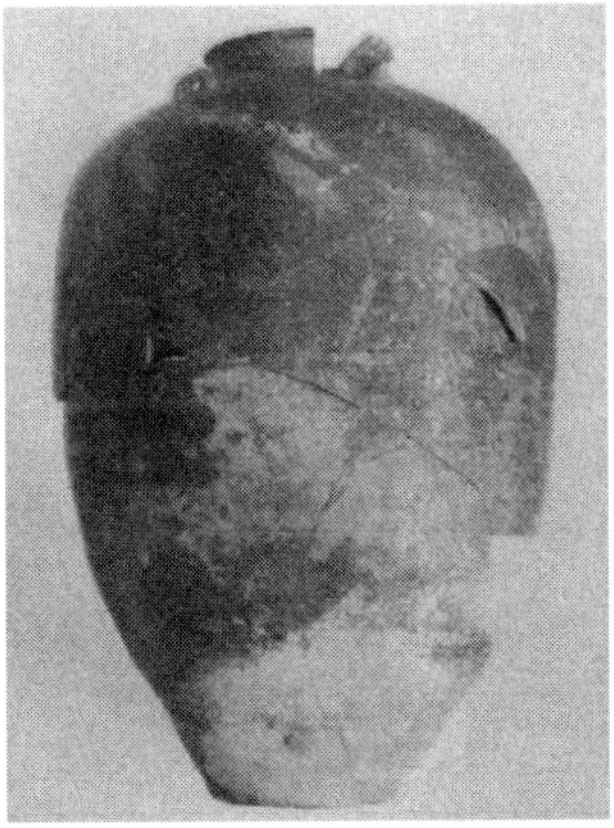

比較資料・博多遺跡群出土褐釉壺

図12　鎌倉で出土した褐釉壺

かもしれません。

また鎌倉遺跡群のなかに能登半島の珠洲焼の小壺が出土していますが、珠洲焼の壺が商品として鎌倉に来ることはまずありません。想像をたくましくすれば、北陸地方の特産品を入れて運ばれたのではないでしょうか。

備蓄銭とやきもの

中世の遺跡からは、銭を大量に詰め込んだ甕や壺が出土することがあります（口絵14）。

ここでは最近発見された備蓄銭の例をみてみましょう。埼玉県蓮田《はすだ》市の深い堀でかこまれた中世の館跡、新井堀の内遺跡でみつかった大甕は、銭を納めた甕としては国内最大級の大きさです。一五世紀前半の常滑焼でした。このほかにほぼ同じ大きさの穴がふたつならんでいたことから、大甕はほかにふたつあったのではないかという意見もあります。

この大甕にいっぱい入っていたのは細い縄を通してまとめられた「緡銭《さしぜに》」とよばれる銭貨です。ほかにこの甕のなかからは「二百六十くあん」と読める木簡が出土しました。「くあん」は「貫」のことで、木簡は甕のなかの銭貨の数量をしめしたものと思われます。

緡銭は一結びで九七枚前後と考えられていますので、一貫が一〇〇〇枚弱となり、二六〇貫ならば二六万枚近い銭貨が備蓄されていた計算となります。ひとつの甕から確認された銭貨の枚数としては、国内最大級といわれています。

このような埋蔵銭は列島の西から東までじつに多く確認されています。函館市の中世の城跡、志苔館《しのりだて》の近くでは、越前焼大甕が二つ、珠洲焼大甕が一つの都合三つの甕におよそ三七万四四三六枚の銭貨が納められていました。

それではなぜ、このように銭貨を埋蔵したのでしょうか。経済活動や財産の保全のために備蓄したものでしょうか。呪術的な意味を求めて埋納したという意見もあります。

さまざまな説がありますが、商業の資本として備蓄したものではないかとする説が強いようです。備蓄銭が室町時代以降に増加することは、土倉などの金融業者の増加にも呼応するものではないでしょうか。寺社の境内の出土例をみると、寺社に納められることにより、仏物、神物としてはじめて金融の資本にできたのではないかという説もあります。寺社は有力な金融業者でもありました。

5 酒とやきものの深い関係

欠かせない酒づくり

酒の歴史、やきものの使われ方、そして当時の風俗を考えるうえで、とても有名な記録が『吾妻鏡』にあります。

建長四年（一二五二）九月三十日の条に「鎌倉中の所々での酒の販売を禁止するように奉行人に命じられた。そこで、鎌倉中の諸所の民家にあった酒壺は三万七千二百七十四口でした。また諸国での酒の販売をすべて禁止するという」とあります。さらに同年十月十六日の条には「酒の販売について特に指示があり、酒壺をすべて壊させました。しかし一軒に一壺は許されたのですが、ほかのことに用いて、酒をつくることはあってはならない」という内容が記録されています。

この記録は「沽酒の禁」といわれ、酒の売り買いに関する禁令です。このような禁止令が幕府からたびたび出されていることから、当時、酒の売り買いが盛んであったことがわかります。

それにしても、その数が三万七二七四個というのは驚きです。どこまで信用にたるものかはわかりませんが、取り締まりの対象になるということは、いたるところで酒づくりがおこなわれ、武家に限らず商工民までが飲酒していたと思われます。そして、三万七二七四個という膨大な数にみあうやきものは、発掘調査でもっともたくさん出土する常滑焼の甕や広口壺がふさわしいでしょうか（図13）。その常滑焼の甕や壺類も一三世紀後半には減少してゆくのです。

さきにもみた『一遍聖繪』に、福岡の市（岡山県瀬戸内市長船町福岡）を描いた場面があります（図14）。市には五棟の掘立柱建

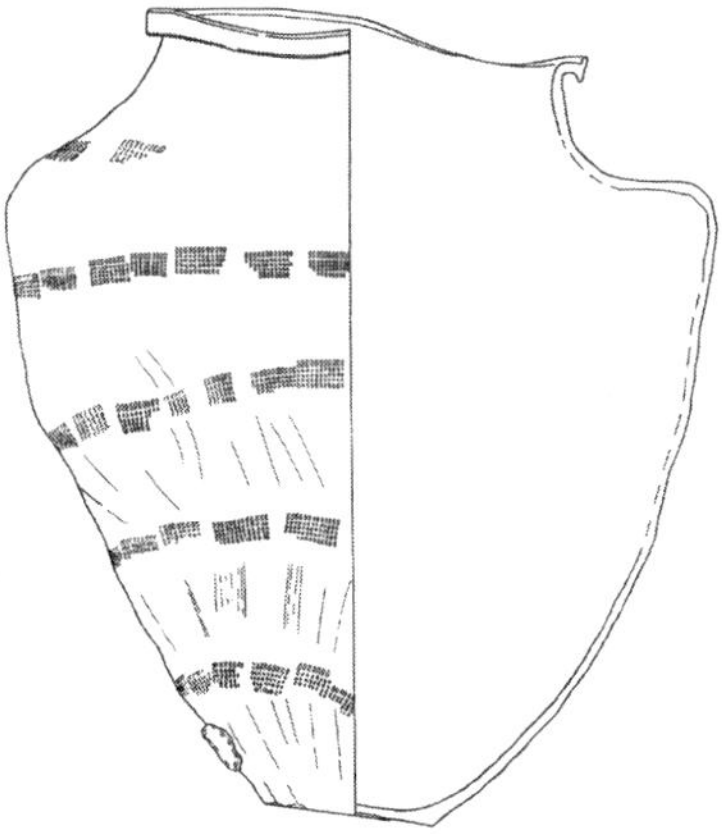

今小路西遺跡出土

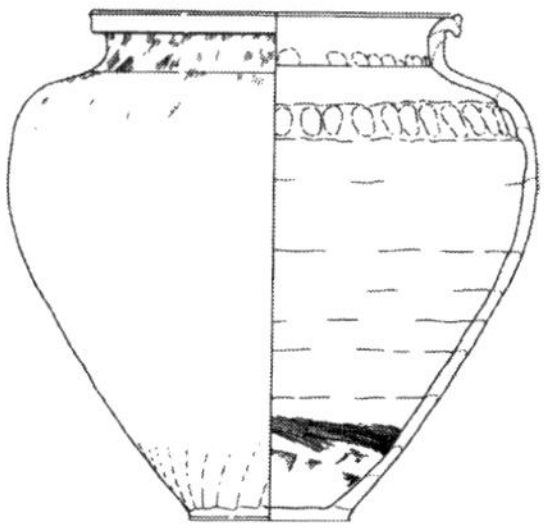

千葉地遺跡出土

鎌倉遺跡群からはさまざまな種類のやきものの甕や壺が確認されますが、常滑焼の甕や壺がもっとも多いです。これらのやきものが酒の醸造や水などの容器として使われました。上級武家屋敷と推測される今小路西遺跡出土の大甕は焼ひずみが著しいものです。機能的に問題なければこのようなやきものも搬入されたようです。

図13　鎌倉で出土する常滑焼の甕と壺

物があり、手前の建物には甕が無造作に横たわっています。ここでは甕を売っているようです。真ん中の掘立柱建物には、三個の大甕と物売り風の女性が描かれています。女性は甕のなかの酒を売っているのではないかといわれています。

これも先にみた『力王丸田畠家財譲状』に、「酒つほ一、たれつほ一、へいし一、素へいし一、ちゃわんのはち一」などのやきものの容器の記載があります。漢字にあてると「酒壺、垂壺、瓶子、素瓶子、茶碗の鉢」となるのでしょうか。酒壺・垂壺は醸造用の壺・甕、茶碗の鉢は中国陶磁器の鉢と考えられています。

古代以来、儀礼・饗宴に酒は欠くことのできないものでした。力王丸の酒壺はまさにそのためにあったもの

図 14 『一遍聖繪』福岡の市（国会図書館所蔵模本より）

と考えてよいかもしれません。平城京跡や長岡京跡からは、須恵器の甕をすえた跡が確認されており、造酒司《みきのつかさ》が支配する酒殿《さかどの》を裏づける遺構と考えられています。中世後半になって結桶が多用されるまでは、酒の醸造にはやきものの甕が使われていたことはまちがいないことだと思われます。

古代の儀礼・饗宴は、かたちを変えながら中世に引き継がれます。奥州平泉では、京都からその儀礼を積極的に受け入れました。そのひとつが饗宴の際に使われた大量のかわらけの出土です。そして、饗宴に出す酒を醸造するために大量の大甕が使われたと考えられています（口絵11）。『愛知県史』によると、平泉遺跡群で確認された常滑焼の甕・広口壺は六〇〇点を超えるとのことです。未発掘の甕を考えると、いかに大量の常滑焼や渥美焼の甕が運ばれ、そしていかに大量の酒が醸造されたことでしょうか。

酒器としての瓶と壺

ここまで酒を醸造するやきものをみてきました。つぎに、飲む方のやきものをみていきましょう。現代であれば、徳利、盃《さかずき》が代表です。

中世後期になれば、現代でも使用する徳利が出現するのですが、それ以前は、金属製の提子《ひさげ》、やきものや漆器の瓶子とよばれるものが酒器の代表でした。酒盃としては、かわらけが代表的なものです。

平安末期の公卿で保元の乱で敗死する藤原頼長《よりなが》の日記『台記《たいき》』には、平安時代終わりごろの宴会の様子がくわしく記録されています。そこでは「茶碗瓶子」「青瓷瓶子」などが酒器として使用されていたことがわかります。「茶碗」は中国陶磁器、「青瓷」は古代の緑釉陶器ないしは中国陶磁器をさすものと考えられています。

野場喜子さんは、この『台記』にしめされた「瓶子」には注ぎ口のついた白磁水注《すいちゅう》も含まれるものと考え、酒杯に酒をそそぐためのものであり、白磁瓶子は酒の一時的な貯蔵器として使用されたものではないかと分析しています。

実際の発掘調査ではどのような酒器が出土しているのでしょうか。図15の水注と白磁四耳壺は、平安時代末に越後の豪族城《じょう》氏によって築城された福島県の陣《じん》が峯《みね》遺跡から出土したものです。平泉遺跡群では、陣が峯遺跡とおなじ白磁四耳壺や水注が、渥美焼の刻画《こくが》文《もん》壺、常滑焼の三筋壺《さんきんこ》などとともに堀や井戸跡から出土することから、武士の館で日々このような壺類が使われていたことをものがたっています。

平泉町の八重樫忠郎さんは、そのような出土状況から、壺類は酒壺から酒を小分けにして運ぶためのものと考えています。平泉遺跡群では、さきの『台記』にみられる京都の宴会に使用された白磁瓶子などの酒器にあらたに渥美焼や常滑焼の壺類が加わってゆくことが確認できるのです。

ただし、壺類や瓶子類の出土量と比較すると水注の出土数はずいぶん少ないことに注意が必要です。酒杯のためのかわらけは膨大な数が出土しているのに、その酒杯にみあう水注の量があまりに少な

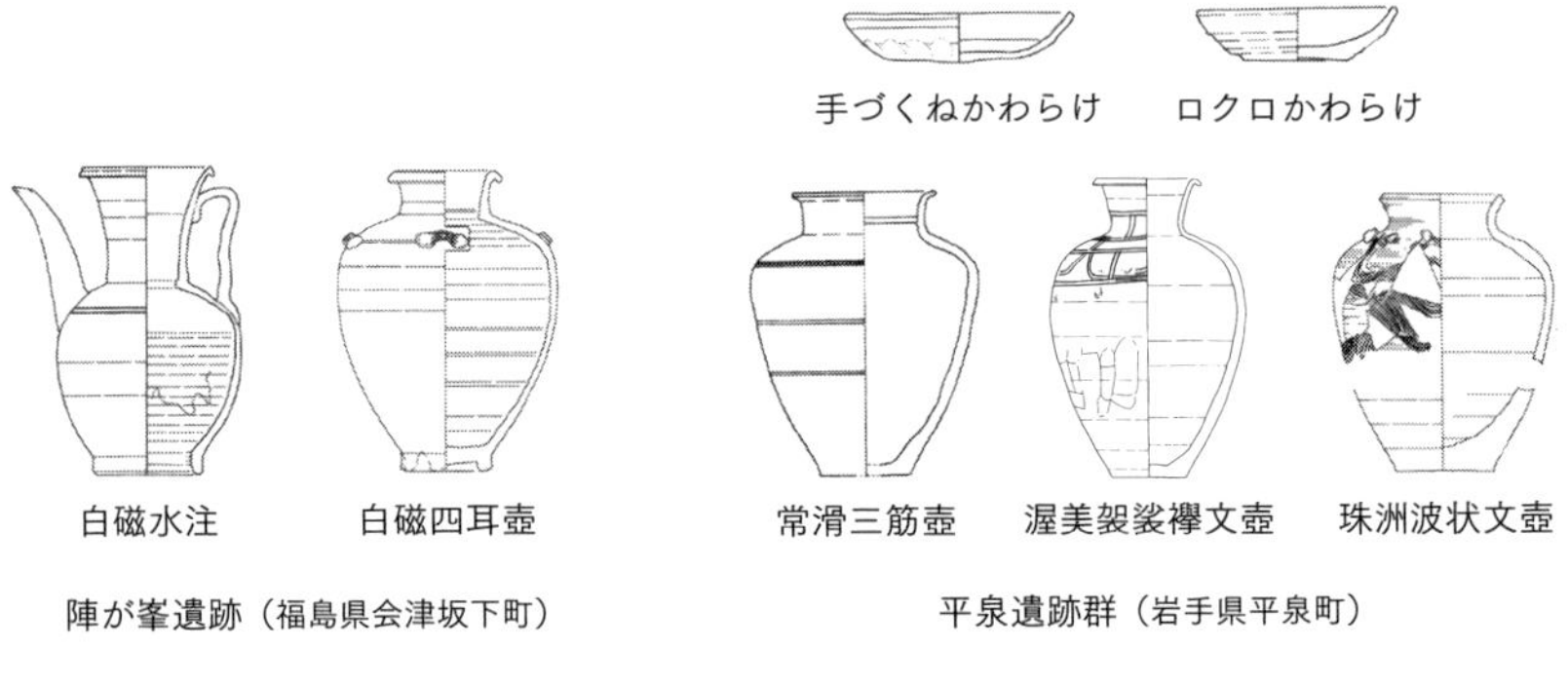

図15　奥州平泉で想定される酒器

いのです。そこで白磁瓶子や刻画文壺なども水注と同じような使われ方をしたのではないでしょうか。

階層のちがいによって酒器も異なっていたでしょう。白磁水注は最高クラスの人びとが使用し、下のクラスの人びとは国産陶器などを使ったのでしょう。

このような酒器は、儀礼の型式とともに平泉から鎌倉にひきつがれたものと考えられています。鎌倉市内で武家屋敷の調査をおこなうと、必ず中国陶磁器の白磁水注、四耳壺、青白磁梅瓶《めいぴん》、古瀬戸灰釉瓶子・梅瓶、常滑焼の壺類やかわらけが大量に出土します。それは、平泉の柳之御所遺跡などの遺物組成に類似したもので、その儀礼が受け継がれたことを裏づけるものでしょう（図16）。

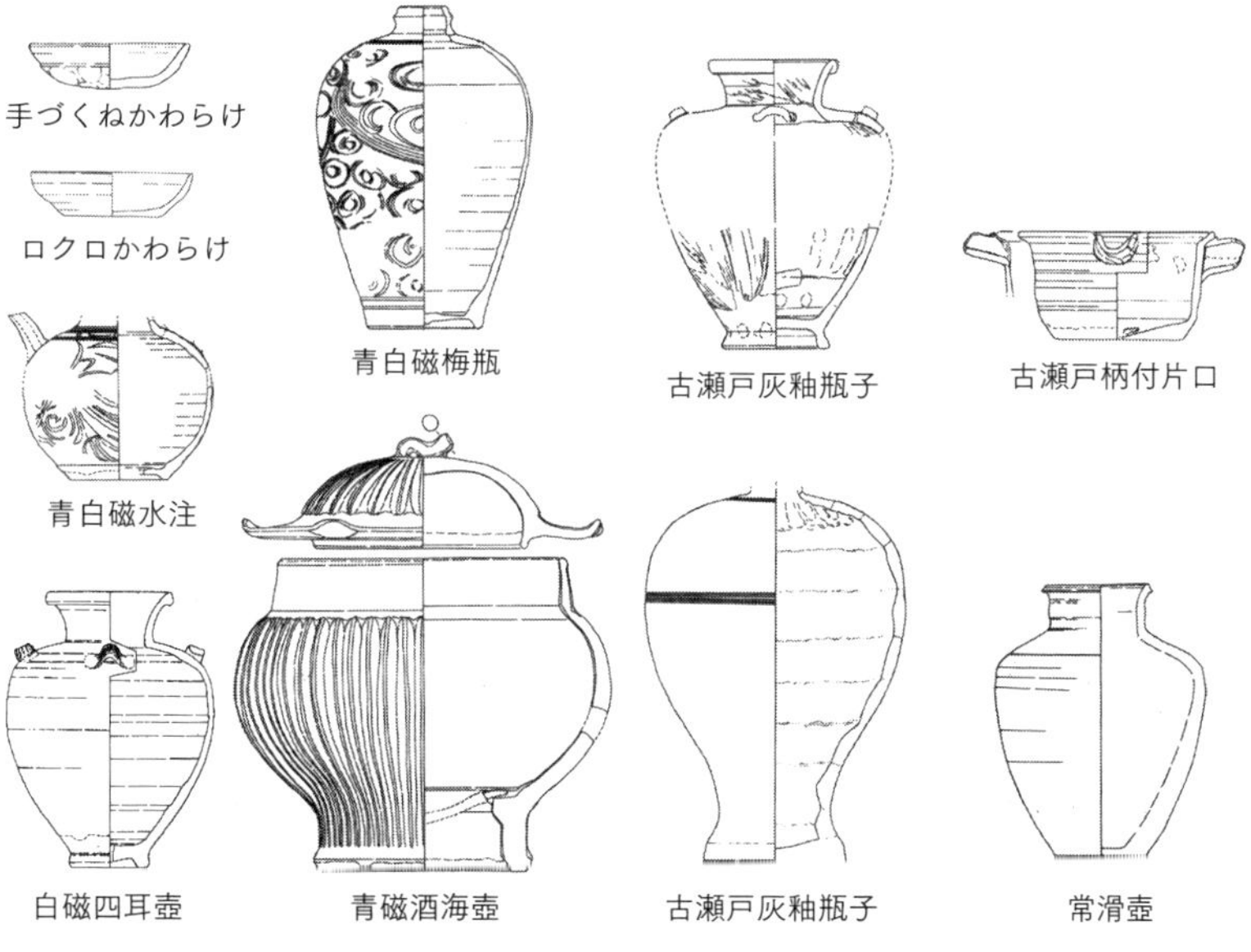

当時の上級武士の居館と思われる今小路西遺跡から出土したさまざまな酒器と考えられるやきものです。中国陶磁器、古瀬戸の瓶子、常滑焼の壺などがあります。なかでも今小路西遺跡の北側の屋敷からは高級な中国陶磁器の酒海壺や青白磁梅瓶がたくさん出土しました。階層のちがいにより使用する酒器にも変化がみられます。

図16　鎌倉遺跡群のさまざまな酒器

6　人びとの祈りとやきもの

埋葬のための甕

中世では、亡くなった人をどのように葬っていたのでしょうか。埋葬方法としては、土葬と火葬が代表的ですが、火葬のばあいは遺体を火葬したのち骨をやきものの壺に納めて埋葬しました。考古学ではその骨壺を「蔵骨器《ぞうこつき》」とか「骨蔵器《こつぞうき》」とよんでいます。曲げ物などの木製品も多く使用されました。

　埼玉県吉見町に「大串次郎重親塔《おおぐしじろうしげちかとう》」といわれるとても立派な宝篋印塔《ほうきょういんとう》があります（図17）。鎌倉時代初期の有力御家人、畠山重忠の重臣であった大串次郎の墓だと伝えられ、宝篋印塔に刻まれた年号が永和二年（一三七六）であることから、後世に大串次郎の子孫などにより建立された供養塔と考えられます。

　この宝篋印塔の下を発掘調査したところ、渥

白磁四耳壺の蔵骨器

渥美大甕の外容器

大串次郎墓と伝えられる宝篋印塔

図17　伝大串次郎墓と蔵骨器（埼玉県吉見町）

美焼の大甕が出土し、さらにそのなかに白磁四耳壺が納められていました。どちらも一二世紀末から一三世紀初頭のものと考えられ、大串次郎の没年と大差ないものと推測できます。やきものの容器を二重にして埋葬する例はきわめて少なく、とても手厚い埋葬方法といえます。

蔵骨器に使用されたやきものは、中国陶磁器の四耳壺や瓶子、それと国内のそれぞれの地域ごとに流通するやきものの壺類です。たとえば北陸地方であれば珠洲焼や越前焼の壺類、東海地方や関東地方では圧倒的に常滑焼です。中国陶磁器の四耳壺や瓶子は希少品で高価なものですから、それらを使用した埋葬者は階層の高い人びとであったと推測でき、その分布は西日本を中心としながらも列島各地で確認することができます。

それともうひとつ重要なことは、供養者、被供養者の意思も反映されることに注意しなければなりません。埋葬される人が生前から大事にしていたやきものを使用することもあるかもしれません。また供養者が埋葬者のために年忌《ねんき》などに特別なやきものを発注することもあります。そのため、埋葬時期と蔵骨器の生産年代に大きな開きが生じることもあります。

やきもののなかには、蔵骨器専用のために生産されたのでは

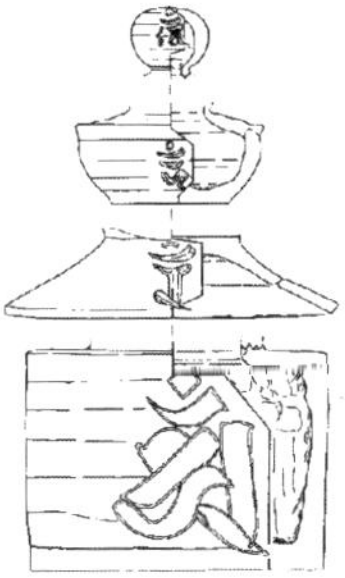

渥美皿焼13号窯
（愛知県田原市）

珠洲焼五輪塔

石製五輪塔を模倣したものと考えられています。渥美焼のものは一番下の地輪のみで15cmほどであるのにたいして、珠洲焼のものは全高で23 cmほどの大きさです。渥美焼の五輪塔は地輪部分が空洞で､それは納骨のためとみられます。分骨の習俗を示すものでしょうか。

図18　やきものの五輪塔

ないかと思われるものもあります。たとえば、常滑焼のそろばん玉の形をした「不識壺《ふしきこ》」とよばれる小壺は、蔵骨器専用に生産されたのではないかといわれています（口絵28）。また、群馬、栃木、埼玉などの関東の内陸部の蔵骨器をみると、その大半が地元で生産された瓦質の壺です。この瓦質壺が生活遺跡からはあまり出土しないことから、蔵骨器専用に生産されたものではないかと考えられなくもありません。多くはないのですが、各地の窯資料のなかに、やきものでつくられた五輪塔や仏さまもあります（図18）。

7　明かりや暖房のためのやきもの

中世の人びとの住まいは、絵画資料や発掘調査の成果から推測するしかありません。庶民の住まいは掘立柱建物で、住まいの中央付近につくられた囲炉裏は、煮炊きのためであり、暖をとるためであり、明かりとしての役割もはたしたものでした。そして、庶民の住まいと思われる掘立柱建物跡や竪穴建物跡から暖房具や明かりとりのための道具が確認されることはほとんどありません。たとえば、広島県の草戸千軒町遺跡では、火鉢は町屋地域ではほとんど確認されず、寺院や富裕層の屋敷と推定される中心区画からの出土例が多いという調査結果があります。

絵画資料をみると、裕福な寺院や武家屋敷などには、火鉢、火桶、燈台などが描かれています。このような資料から、明かりとりや暖をとるための道具は、富裕層のための道具であったようです。夜の明るさと暖かさを確保することは、まさに富の象徴といえるのではないでしょうか。

明かりのためのやきもの

明かりとりのやきものに、灯明皿、燭台、灯籠などがあります（図19）。

灯明皿には、かわらけが多く使われていました。かわらけに油を入れ、そこにイグサなどのひもをつけ、ひもに油を吸わせて燃やし、明かりをとります。かわらけ以外に陶器や磁器の皿も使われることがあります。口縁部に黒い煤がついたものは、まちがいなく灯明皿に使われたものです。木製の台の上に置いて使用したと思われます。鎌倉時代から室町時代には荏胡麻《えごま》の油

かわらけを使った灯明皿
御所之内遺跡（静岡県伊豆の国市）

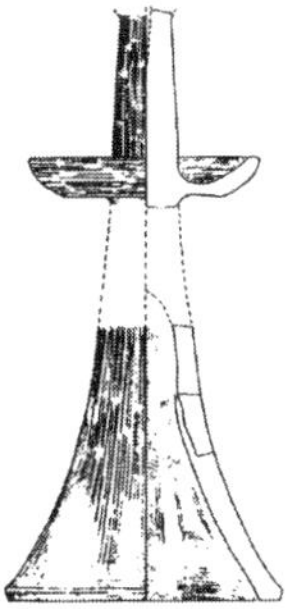

金属製品を模倣した瓦質製の燭台
今小路西遺跡（神奈川県鎌倉市）

灯明皿を入れて窓の開いた蓋をかぶせる
一乗谷朝倉氏館跡（福井県福井市）

軒先などにつるす灯籠
草戸千軒町遺跡（広島県福山市）

図 19　明かりとりのやきもの

が用いられていました。京都の大山崎を本拠とする商人たちが、この荏胡麻を独占的に販売していました。戦国時代には菜種油や綿油なども使われるようになったといわれています。

燭台は、ロウソクを灯す台です。銅などの金属製が多いのですが、古瀬戸製、瓦質製のものもあります。古瀬戸製も瓦質製も金属製を模したものと思われ、胴部に雷文《らいもん》や渦巻文が施されたものがみられます。この燭台は、香炉、花瓶とセットで三具足《みつぐそく》とよばれ、仏具として使われたものです。ロウソクのロウは、松脂《まつやに》が主に使われていたのですが、しだいにハゼやウルシの実を絞ってつくるようになったようです。

軒先などに吊るして使用したのではないかと思われるものが灯籠です。やきものでは瓦質製が圧倒的に多く、その時期は室町時代から戦国時代のものです。

大和国特産の火鉢

暖房のためのやきものの代表は、火鉢です（図20）。火鉢には陶器や石製のものもありますが、瓦質製が圧倒的に多いことが知られています。

中世の大和国の特産品として奈良火鉢があります。戦国時代の作といわれる『三十二番職人歌合』十三番「火鉢うり」に「八重さくら名におふ京のものなれは　花かたにやくなら火はちかな」と詠まれています。

奈良火鉢に代表される火鉢は、上からみますと円形、角形などの形状を呈し、口縁部近くに菊花《きっか》、巴文《ともえもん》など印花文を押したもので、輪花形《りんかがた》火鉢とよばれるものです。韓国新安沖の沈没船から大量の中国陶磁器が引き上げられたのですが、そのなかに奈良火鉢がありました。沈没船からは一三二三年（至治《しち》

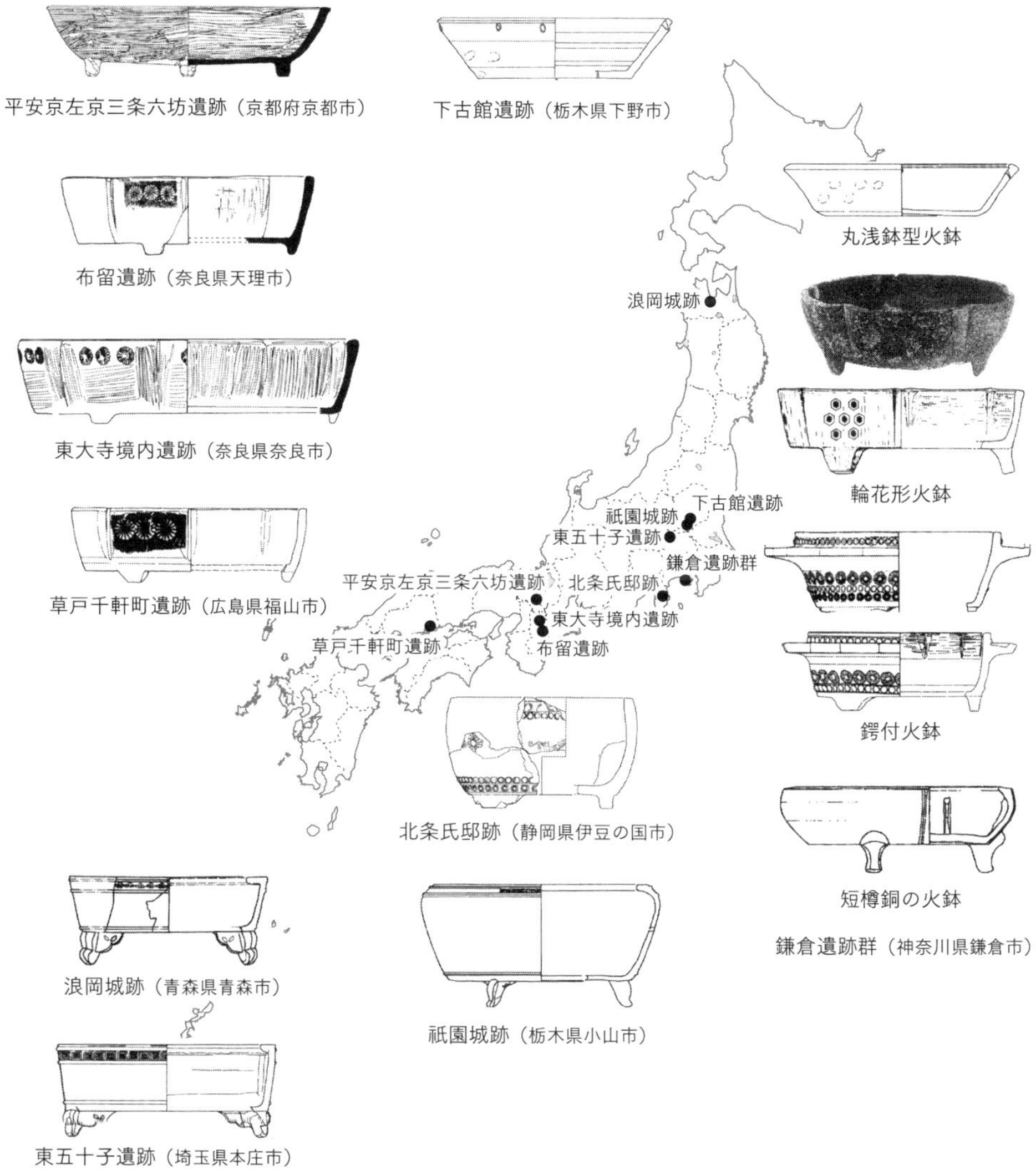

図の上から下に新しくなります。鎌倉時代のはじめは文様もなく、盤状で脚のないものもあります。鎌倉時代の終わりごろにはさまざまな種類のスタンプ文様を施した輪花形火鉢が普及します。室町時代になると胴が丸みをもったものが出現し、スタンプ文様は小型化してきます。戦国時代には方形のものが多くなります。

図 20　列島各地の火鉢の出現と展開

三）の木簡が出土しており、一四世紀前半には奈良火鉢の生産がはじまっていたことはまちがいないようです。

しかし、鎌倉時代後半にこの奈良火鉢が突然に出現したのではありません。奈良や平安京などの中世遺跡から浅く盤状の瓦質土器が出土しており、これが火鉢として使用されていたと考えられています。その瓦質土器の盤は、大阪の楠葉《くずは》や大和の瓦器椀工人が製作していたもので、瓦器盤とよばれるのが一般的です。

奈良火鉢の出現する鎌倉時代後半は、畿内の中世前期を代表する瓦器椀生産が減少する時期でもありました。輪花形火鉢の成形技法は瓦器椀を母体とし、それに印花文や底部の離れ砂の使用にみられる瓦製作の技術が導入された新たなやきものの出現といわれています。

この奈良火鉢は列島各地に流通するとともに、各地でこの火鉢を模倣した製品が生産されたようです。

鎌倉の火鉢、地方の火鉢

鎌倉遺跡群では、武家屋敷跡の発掘などで大量の火鉢が確認されています。その火鉢には、丸い形をした盤ともよんでいるもの、花菱《はなびし》・菊花文・雷文などのスタンプが施された輪花形火鉢、胴に鍔《つば》が付けられたもの、胴部が丸く口縁部が内側に丸くなるものなど豊富な種類があります。

その多くが、京都を中心とした畿内の火鉢を模倣したものと考えられています。初期の盤状のものは、畿内の瓦器盤を模倣したもの、輪花形火鉢は奈良火鉢が搬入したもの、またはそれを鎌倉周辺で模倣したものと考えられています。ただ、鍔が付いたものはほかの地域にはほとんどみられないものです。大量の輪花形火鉢の出土や鍔付の火鉢のような特徴のある形態が出現することは、鎌倉周辺には、奈良火鉢にもまさるとも劣らない製品を生産することができる工人集団がいたことをものがたっているのではないでしょうか。

さきに火鉢の使用者は、ある特定階層の者と述べたのですが、鎌倉ではさまざまな遺跡から出土することから、一般庶民に至るまで使用したのではないかと考えられています。鎌倉のような都市生活においては、希少な消費財が庶民にまでゆきわたることはよくみられる現象なのですが、さきに述べた広島県の都市遺跡のひとつである草戸千軒町遺跡の出土状況とは大きなちがいです。

少し時期の下がる室町時代の伊豆の北条氏邸跡などからは、スタンプを多用した火鉢などがよく出土します。そのような火鉢も、鎌倉に供給された火鉢生産が室町時代に継続しておこなわれていたことを示しているのではないでしょうか。

8　茶の湯の発達とやきもの

一二世紀末に中国から伝わった喫茶の風は、禅院からしだいにさまざまな層に伝わってゆきました。その流行をあとづけるものが、各地の城館や都市遺跡から出土する茶道具ではないでしょうか。

遺跡から出土する茶道具には、茶壺、花入、水指、天目、茶入、風炉《ふろ》、茶臼などがあります。ここでは、職人歌合に描かれている風炉を中心にみてみましょう。

さきにもみた『七十一番職人歌合』には「一服一銭《いっぷくいっせん》」と「煎じ物売」とよばれる二種の茶売りが登場し、そこには風炉や茶碗などのやきものが描かれています（図21）。また『三十二番職人歌合』には、奈良火鉢売りがかつぐ天秤棒に、前荷には風炉、後荷には角形の浅鉢形の火鉢が描かれています。

風炉

　風炉とは、茶の湯に欠くことのできないやきものです。火をいれて釜をかけて湯を沸すための道具です。土風炉《どぶろ》とよばれる瓦質製のもの、金属製のものがあり、瓦質製は金属製を模倣したものです。現在では夏の暑い時期は風炉、冬の寒い時期は炉と使いわけられているのですが、中世では通年使用されていたようです。

　風炉は、いくつかの形に分類することができます。形状でいえば口縁部が内側に折れているものと直立するもの、口縁部から胴部が球形になったもの、口縁部・胴部・底部と三段の構成になるもの、器高より胴のほうが大きなものなどがあります。さらに透かしの形、菊花や巴などの文様の有無、文様の施された位置などで分類されています。博多遺跡群や草戸千軒町遺跡のものは一四世紀ごろと古く、ついで尻八館跡（口絵27）や法住寺殿跡などの形態のものが一五世紀代を中心に流通します。

図 21　『七十一番職人歌合』に描かれた「一服一銭」と「煎じ物売」
（東京国立博物館所蔵模本より）

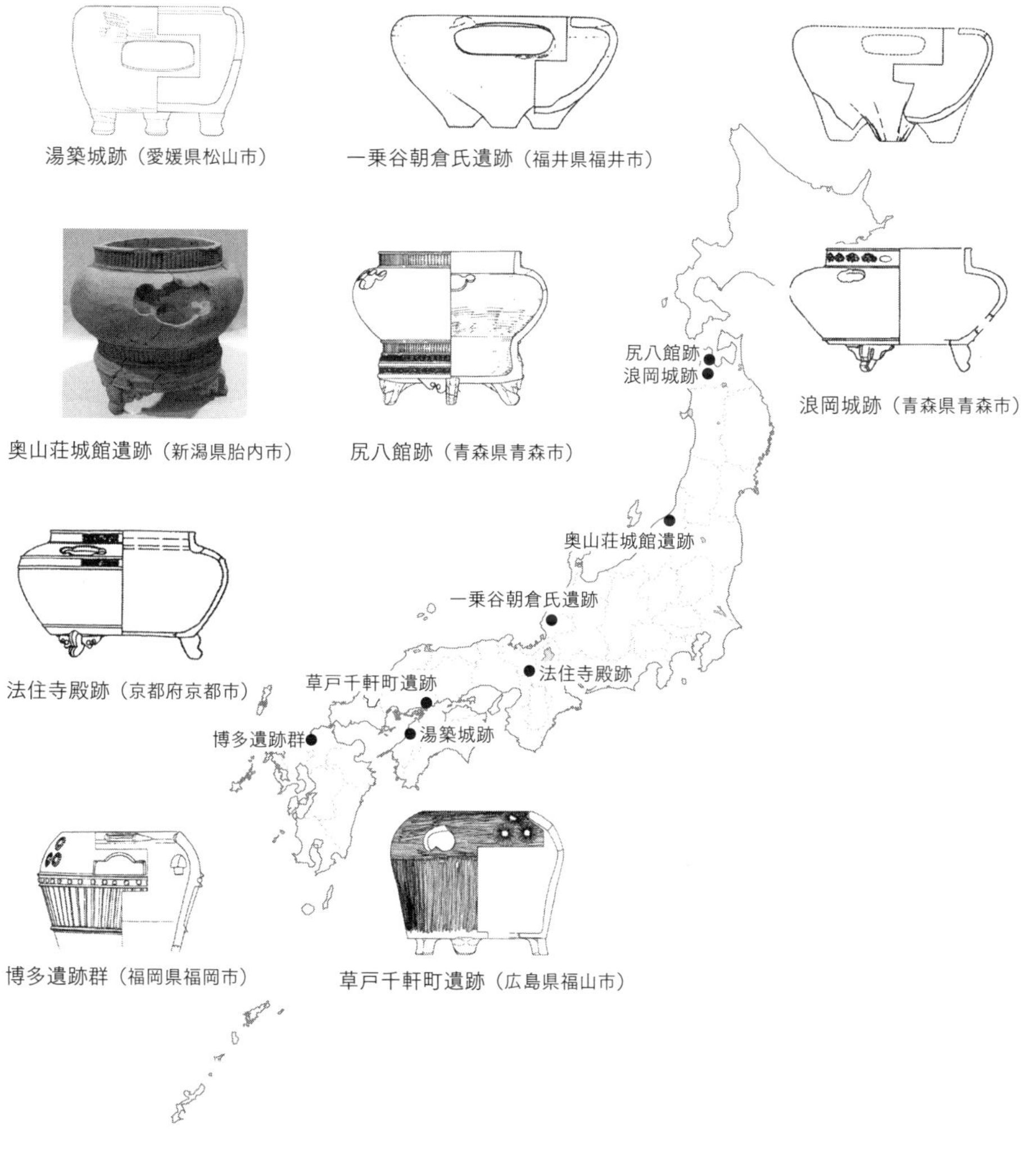

この図の下のものが鎌倉時代終わりから室町時代のもので、中段のものが室町時代から戦国時代、上段が戦国時代後半を中心に普及していました。

図 22　列島各地に展開する風炉

一六世紀には一乗谷朝倉氏遺跡のもののように文様もなくシンプルなものに変化するようです。

この風炉が出土する遺跡は、図22で示したように、その多くが城館跡や都市遺跡です。そのようなことから茶の湯は支配者層のものであったことはまちがいないことです。

『三十二番職人歌合』にあるように、大和国の特産品であることが知られていますが、各地から出土する風炉は、この大和国で生産されたものが流通したか、あるいは地方で模倣したものではないかと考えられています。模倣品とはいってもていねいなつくりのものが多く、両者をみわけることが難しいばあいもあります。

茶釜型土器（湯釜）

風炉とセットとなるものに茶釜があります。風炉どうように金属製が本来のものでしょうが、やはり瓦質製の茶釜が各地の遺跡で確認されています。この茶釜型のやきものは、研究者の多くが湯釜とよんでいます。この呼び方からして、茶の湯の茶釜とは異なる機能を想定させるものではないでしょうか。また、肩に耳がふたつ付くことから双耳釜とよぶばあいもあります。

この茶釜型のやきものは、室町時代から戦国時代の前半ごろまでの各地の城館跡のみでなく、都市遺跡などからの出土も確認され、幅広い階層の人びとに普及していたことが想像できます。

そして、風炉と比較すると雑なつくりで、形も地域によってちがいがみられます。そのことから、風炉のように大和産のものを正確にまねるような意図は感じられません。出土品のなかには煤《すす》が付着したものもあることから、煮炊きのための日常道具ではないかとも考えられています。

第2章

中世やきものづくり

1　中世やきものの分類

考古学でもっとも基礎的な作業のひとつは分類することです。中世のやきものの分類のばあい、聞き慣れない言葉がたくさん登場するかもしれませんが、まずは細かい点にこだわらずに全体を俯瞰してみてください。

さて、中世のやきものを考古学的見地から最初に分類したのは、歴史考古学研究の第一人者、楢崎彰一さんでした。

その分類は、①古代の土師器の生産技術を継承した土師器系土器、②古代の須恵器の生産技術を継承した須恵器系陶器、そして③古代の瓷器《しき》（灰釉陶器）生産から発展した瓷器系陶器の三つです。それは、基本的にやきものを窯業技術の系譜によって分類するものです。

古代の土師器は縄文土器や弥生土器と同列のやきもので、いわゆる土器とよぶものです。須恵器はロクロを用いて仕上げられた硬いやきもので、釉薬はほどこされていないのですが、わが国最初の陶器といえるものではないでしょうか。瓷器は日本ではじめて灰を釉薬としたやきものです。

そして、三つに大別されたやきものは、さらに生産技術のちがい、生産されるやきものの器種のちがい、窯の分布地域のちがいなどにより細分されます。

この楢崎彰一さんの分類は、あらたな生産地の発見などをうけて、吉岡康暢《やすのぶ》さん、荻野繁春さん、中野晴久さんらがさらなる細分を加えましたが、いまも中世陶器の基本的な分類であることに変わりありません（図1）。

〈大　分　類〉（生産系譜のちがい） / 〈小　分　類〉（特徴、産地、器種）

- 土器
  - 土師器（土師質土器）（古代土師器の系譜）
    - 赤褐色のやきもの
      - 列島各地
      - 椀、皿、鍋・釜等
  - 瓦器（瓦質土器）（古代土師器の黒色土器の系譜）
    - 黒色を主体とするやきもの
      - 列島各地（西日本を中心）
      - 椀、皿、火鉢、鍋・釜、すり鉢等
- 陶器
  - 須恵器系陶器（古代須恵器の系譜）
    - 1類：古代須恵器の技術を主に踏襲して生産されたやきもの
      - 東播、十瓶山、亀山、勝間田、カムィヤキ等
      - 壺、甕、片口鉢、椀、皿
    - 2類：新たな須恵器系陶器生産技術により生産されたやきもの
      - 珠洲、五頭山麓、エヒバチ長根、大戸等
      - 壺、甕、すり鉢
    - 3類：灰色から褐色に変わるやきもの
      - 備前
      - 壺、甕、すり鉢
  - 瓷器系陶器（古代瓷器の系譜）
    - 1類：釉薬が施されたやきもの
      - 瀬戸、美濃
      - 壺、瓶、香炉、合子、碗、盤、水注等
    - 2類：平安時代の灰釉陶器の技術を引きついだ窯で生産された無釉のやきもの
      - 東海地方各地
      - 山茶碗、皿、片口鉢等
    - 3類：平安時代の灰釉陶器の技術を引きついだ窯で酸化炎焼成で生産された焼締陶器
      - 常滑、中津川、兼山、渥美、湖西等
      - 壺、甕、片口鉢、碗、皿等
    - 4類：古代に須恵器の生産地であった地に常滑窯などの技術を導入してつくられた焼締陶器
      - 越前、梁川、白石、信楽、丹波、水沼等
      - 壺、甕、片口鉢（すり鉢）

＊楢崎彰一さん、吉岡康暢さん、荻野繁春さん、中野晴久さんの分類研究を基に作成しました。

図1　中世やきものの分類

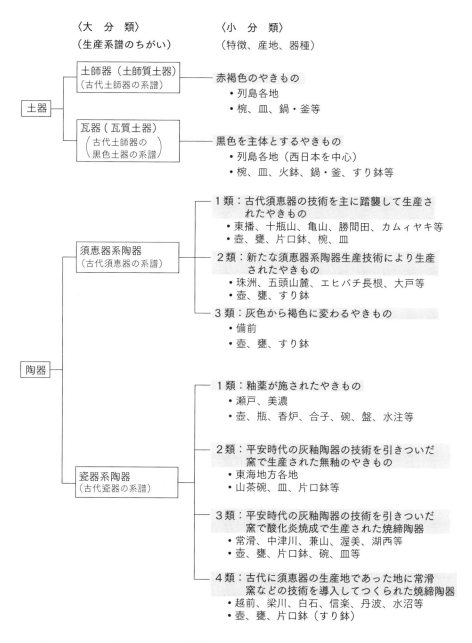

土器（土師器・瓦器）

土器には、土師器と瓦器という二種類があります。

土師器は、前章でみたように、椀・皿などの食膳具、煮炊き用の鍋や釜などがあります。中世前期以来、西日本では土師器皿以外にも鍋や釜の生産が多くみられたのですが、東日本では皿以外の製品の発達はあまりみられません。

瓦器も、古代の土師器のなかまである黒色土器の系譜を引くものとされます。成形段階で器表面をヘラミガキして仕上げ、焼成の最終段階でやきものに炭素を吸着させることで器表面を漆黒色に焼き上げるなどの特徴があります。畿内および北九州地方を中心に広がる椀・皿を主体とするやきものです。

研究者の多くは、食膳用の椀・皿は土師器皿（かわらけ）、瓦器椀・皿とよび、食膳具以外の鍋・釜、火鉢などの大型品については、瓦質鍋、瓦質火鉢、土師質鍋、土師質釜などとよぶばあいが多いです。たとえば、畿内の火鉢は、椀・皿をつくっていた瓦器工人が瓦工人と再編され、あらたな火鉢などを生産するようになったことから、瓦器とは分けて瓦質土器と表現しています。研究者によっては大型の瓦質土器でも瓦器椀のようにヘラミガキなどの調整があれば瓦器とよんでいます。

もうひとつ注意したいことは、後に述べますが、瓦器も土師器も同じような窯で生産されていたことから、焼き上がりが類似することです。そして、なかには、やきものの表面が風化して、本来ヘラミガキをおこない燻し焼きした瓦質土器が土師質土器と区別ができなくなるものもあることです。

ここでは、多くの研究者が分類するように椀・皿以外の器種は「瓦質土器」「土師質土器」とよぶことにします。

陶器（須恵器系陶器）

須恵器系陶器は、古代の須恵器の器形や生産技術を踏襲したやきもので、1〜3類の三つに分類されています。

1類は、古代の須恵器生産技術を踏襲したもので、灰黒色のやきものです。そのほとんどが瀬戸内海沿岸域を中心とした地域の窯で生産されたものです。それらの窯は、古代から中世にかけて西日本各地で須恵器生産が衰退するなかで、壺・甕・すり鉢を中心とする器種の生産に集約してゆきました。

さらに、甕・壺の底をみると丸底のものが多く、古代の須恵器甕の特徴を踏襲するものと、平底を呈するものに変化するグループに分けて考えるばあいもあります。カムィヤキ窯のように古代末から生産を開始したものは、独立したやきものに分類するばあいもあります。

2類は、北陸地方から東北地方の日本海側を中心に分布する窯です。能登半島突端の珠洲窯に代表されるやきものです。珠洲窯は在地の須恵器生産技術を踏襲したものではなく、新規に兵庫県の東播窯の技術、それに加えて東海地方の常滑窯、瀬戸窯の影響を受けて成立した窯と考えられます。古代須恵器同様に灰黒色をしているのですが、ロクロを多用した、さまざまな装飾を加えたやきものです。

また、その珠洲窯の影響を受けた、日本海側の新潟県の五頭山麓《ごずさんろく》窯、秋田県のエヒバチ長根《ながね》窯・南外《なんがい》窯（大畑《おおばた》窯・檜山腰窯）、福島県の大戸《おおと》窯・飯坂《いいざか》窯などもこのグループに入ります。

3類は、中世後期を中心に岡山県の備前窯で生産された褐色のやきものです。多くの須恵器系陶器窯が衰退してゆくなかで、備前窯のみが常滑焼のような酸化炎焼成の赤焼き製品に転換し、中世後期以降、一大窯業地へと発展してゆきます。そのことから多くの研究者が備前窯で生産されるやきものをほかの須恵器系陶器と分けて分類しています。

陶器（瓷器系陶器）

井上喜久男さんをはじめとして多くの研究者により、瓷器の用法について分析がおこなわれています。それによれば、瓷器とは、『日本後紀』『延喜式《えんぎしき》』などに記載されたことばで、古代の須恵器や土師器とは異なる施釉陶器をさしています。瓷器には白瓷《しらし》と青瓷《あおし》があり、白瓷は灰釉陶器、青瓷は緑釉や三彩などの彩釉陶器を指すものと考えられています。

古代において、その瓷器をもっとも大量に生産したのが、愛知県の猿投《さなげ》窯を中心とする尾張、美濃の窯業地でした。中世に至り、その窯業地を中心に生産されたやきものを「瓷器系陶器」と分類しています。

瓷器系陶器は1類から4類の四つに分類されています。1類から3類までは、すべて東海地方に分布するもので、4類は東海地方以外の地域の窯で生産されたものです。

1類は、中世において唯一、釉のかかったやきものです。この施釉陶器を生産した窯は愛知県の瀬戸窯、岐阜県の美濃窯にほぼ限定されます。瀬戸窯のなかでも「古瀬戸」とよばれるやきもののグループは、中国陶磁器を写した壺・瓶・茶入・盤などをつくっていました。中国陶磁器につぐ高級なやきものでした。

2類は、愛知県、岐阜県、静岡県に分布する窯跡で生産された無釉の碗・小碗・皿（山茶碗類と総称）や片口鉢などを指しています。この無釉の碗は、古代の白瓷（灰釉陶器）の系譜を引くやきものです。この無釉の碗は、山茶碗とよばれています。なぜ山茶碗とよばれるかといえば、愛知県や岐阜県の窯業地の山に行くと、この碗が散乱していたことからその名が付いたといわれています。

3類は、おもに無釉で褐色の焼締の壺・甕・すり鉢などで、常滑窯、渥美窯やその影響を受けて成立した湖西窯、中津川窯など東海地方に広がる窯で生産されたやきものです。

藤澤良祐さんは、以上の三種類の中世陶器の生産について、窯業地ごとに焼成品が異なるということではなく、基本的には2類の山茶碗類が生産のベースにあり、その後に3類の壺・甕、1類の施釉陶器を焼成する窯業地が出現するものと述べています。そのことから2類の山茶碗類の出現がとても重要な意味をもっていることになります。さらに藤澤良祐さんは、山茶碗類をベースとして成立した猿投窯・常滑窯・瀬戸窯・渥美窯などで生産がはじまった大型の壺・甕類や小型の壺瓶類などのやきもの類を「新中世陶器」とよんで、その出現の重要性を強調しています。

最後に4類は、東は岩手県から西は山口県と本州各地に広がる窯で生産された壺・甕、鉢類の焼締陶器で、碗・皿類は基本的にほとんどありません。3類の常滑窯と渥美窯の技術が各地に直接、間接的に伝わり、あらたな窯業地を生み出しました。その大半が常滑窯の技術が伝わり、生産をはじめた窯です。

さて、この瓷器系陶器と前項の須恵器系陶器を比較したとき、生産技術のうえでのもっとも大きなちがいは窯の構造といわれています。そこでつぎに、窯のちがいをみてゆきましょう。

2　さまざまな窯

土器の窯

前節で、やきものを大きく土器と陶器に分類しましたが、やきものを焼成した窯についてみると、土器とそれ以外の陶器では大きなちがいがありました。

土器（土師器、瓦器）の焼成窯についてみてみましょう。古代の土師器生産の技術を引きつぐことから野焼きのようなイメージを描かれるかもしれませんが、その多くは図2にしめしたように、小型の窯で「煙管状窯《えんかん》」とか「キセル窯」とよばれるものが主体です。なぜそのようによばれるかというと、窯の縦断面が刻み煙草を吸うためのキセルに似ているからです。縦方向に円筒状の穴をつくり、上部に製品を置き（焼成部）、下部で薪を焚く（燃焼部）もので、窯の底から横にトンネル状に細長い焚口をつける構造です。

古代の土師器焼成を野焼きといいましたが、その野焼きは地面に穴を掘り、そのなかに製品を置き、薪を覆いかぶせるようにして焼いたものです。そのような野焼きと大きく異なるのは、製品の焼成部と薪の燃焼部が分けられ、燃料の薪を追加投入できることです。

その出現は西日本では一一世紀、東日本では一二世紀後半ごろといわれています。そして、須恵器系陶器生産をおこなった兵庫県の神出《かんで》窯跡では、この煙管状窯が確認されており、煙管状窯の出現には須恵器窯などの影響があったものと推測されています。

焼成のちがいですが、瓦器のばあいは、焚口と煙だしを塞ぎ、燻し焼きにして炭素を吸着させたのです。

須恵器系と瓷器系の窯

須恵器系と瓷器系のやきものの窯は、古代の須恵器と灰釉陶器の系譜上にあります。さらにさかのぼれば、朝鮮半島から技術導入された須恵器生産の窯です。この窯を「窖窯《あながま》」とよんでいます。この窖窯を「登窯」とよぶ人もいますが、登窯は、一般的に近世以降に使用された焼成室を複数もつ窯をさして

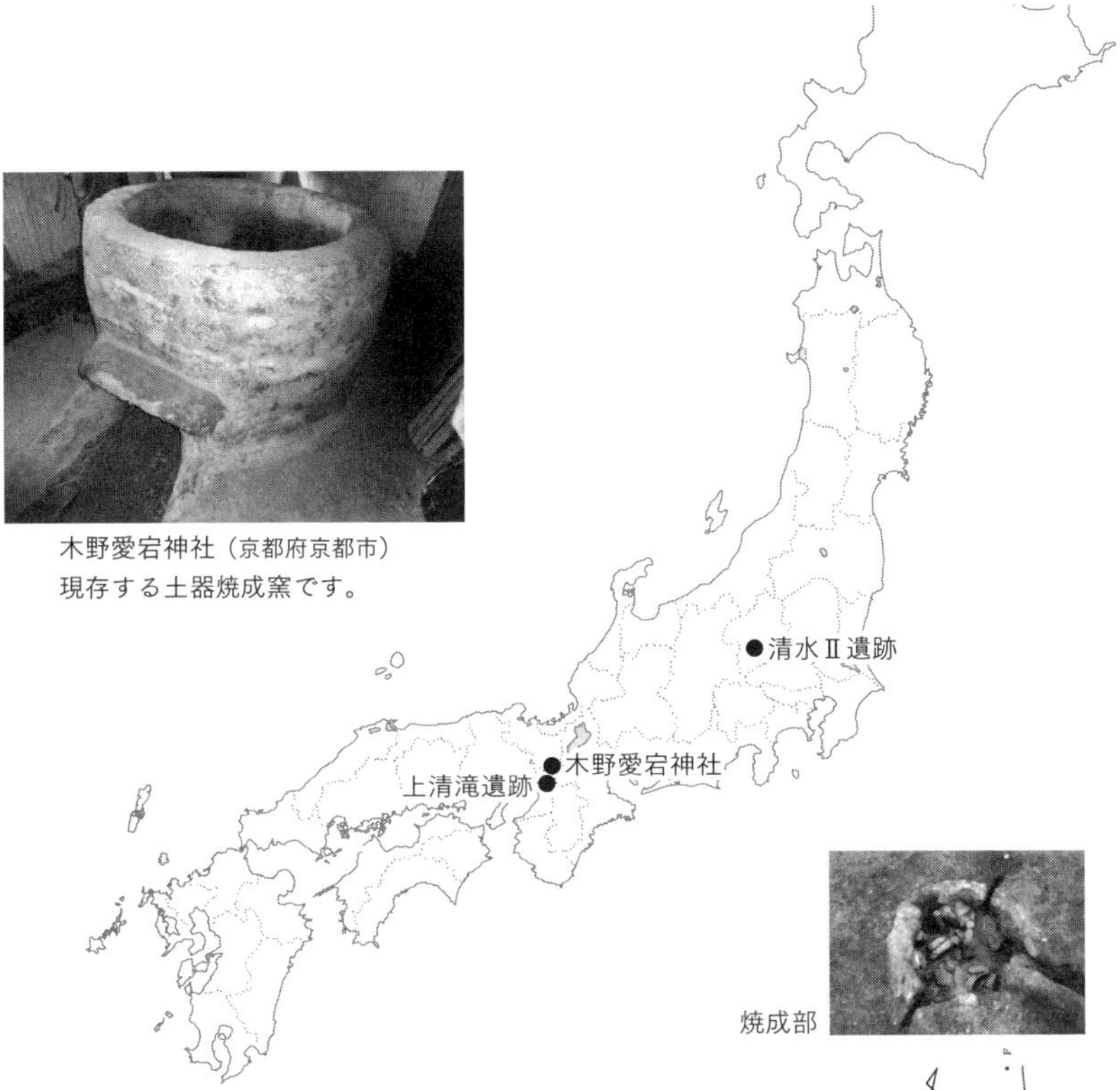

木野愛宕神社（京都府京都市）
現存する土器焼成窯です。

焼成部

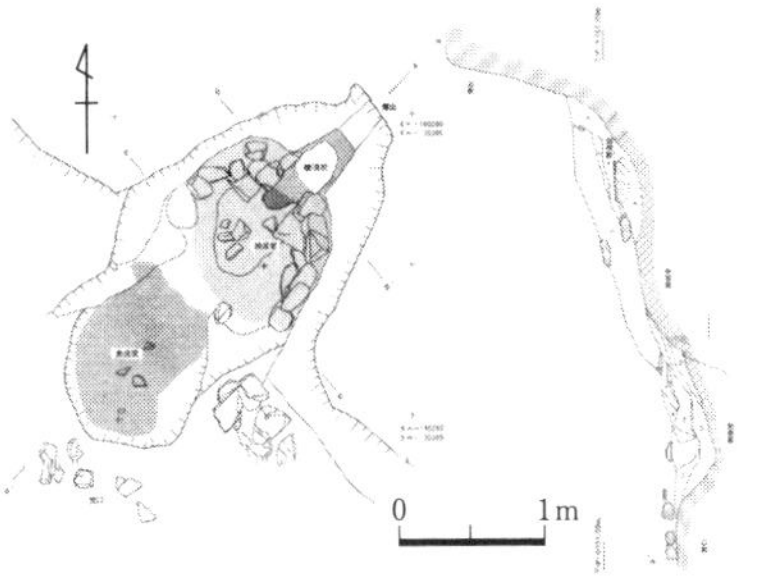

上清滝遺跡（大阪府四條畷市）
瓦器を焼いた窯です。斜面を利用して
窯をつくっています。

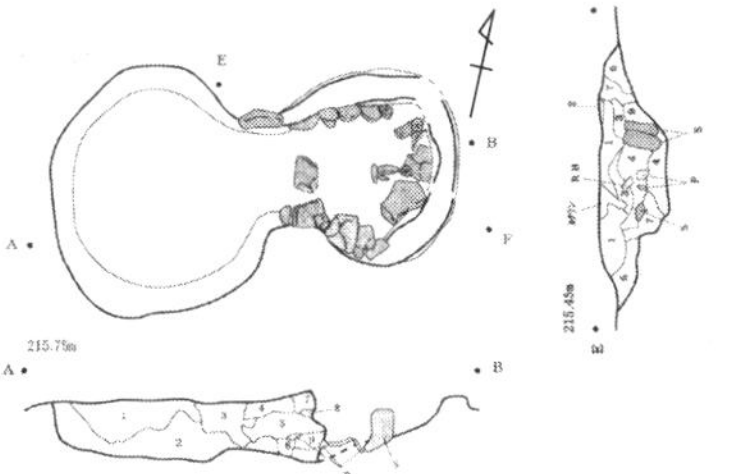

清水Ⅱ遺跡（群馬県安中市）
焼成部には、製品を支える柱状の土製品
と瓦質製内耳鍋がみえます。

図2　土器を焼いた窯

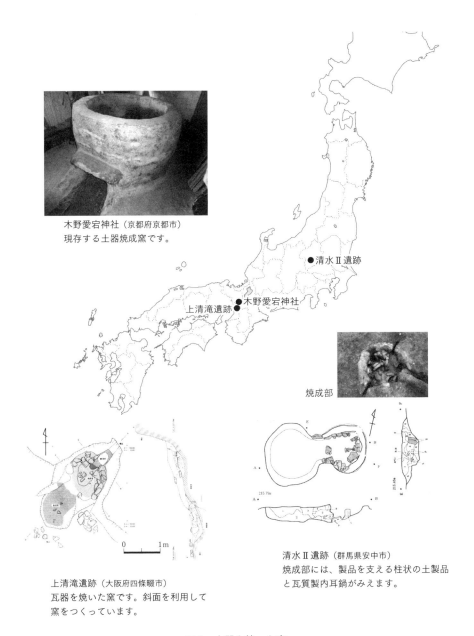

いることから、窖窯を登窯とよぶことは用語の混乱となり、適切ではないと思われます。

窖窯は、丘陵の斜面をトンネル状に掘りぬいた地下式のものと、溝状に掘りくぼめ、その上に天井をつくった半地下式のものがありました。斜面下の入口が薪を投入する焚口で、薪を燃やす燃焼室となり、その先が製品を焼く焼成室となります。先端には燃焼ガスを排出する煙道部がありました（図3）。このような半地下式の窯構造は、須恵器系陶器生産地に一般的にみられるものです。ただ、各生産地によって、またやきものの種類によって窯に工夫が施されていました。硬いやきものを焼くばあいは、床面の角度を急にして温度を上げる工夫がされ、大量に生産するばあいは、窯を広くするとともに床面を緩やかにするなどの工夫です。

この窖窯は、古代の灰釉陶器の生産が生まれるまでの過程で、燃焼室と焼成室のあいだにさまざまな工夫が加えられ、燃焼効率の向上がはかられました。高火度獲得のために「障壁《しょうへき》」を設け、その障壁の落下防止のために「分炎柱《ぶんえんちゅう》」などを設置しました。

この分炎柱の設置は、灰釉陶器の生産のみでなく、中世の瀬戸窯、常滑窯などに続く重要な技術革新でした。列島各地に広がった瓷器系のやきものに共通する生産技術は、窯に分炎柱のある地下式窖窯であることです。この分炎柱の有無こそが、中世の瓷器系と須恵器系のやきものを分ける生産技術の大きな特徴です。

大窯の出現

中世後期以降、中世のやきものの生産は、瀬戸窯、常滑窯、越前窯、信楽窯、丹波窯、備前窯の「六古窯」に集約されてゆきます。

珠洲陶器窯跡・西方寺支群
（石川県珠洲市）

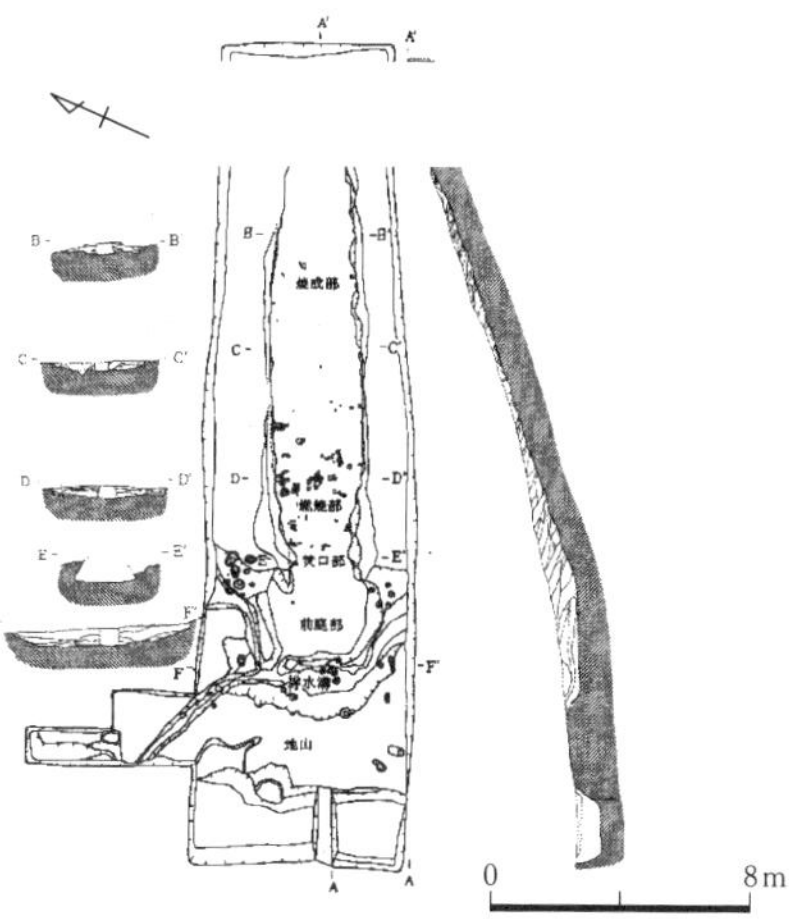

南外窯・大畑窯跡（秋田県大仙市）

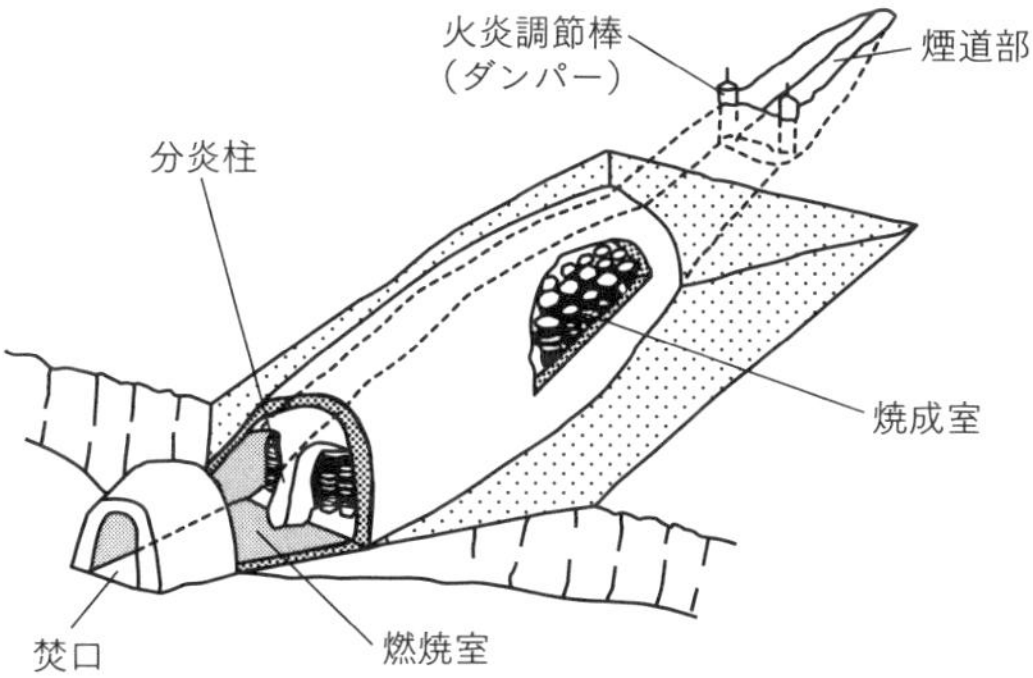

窖窯模式図（山茶碗専焼窯）

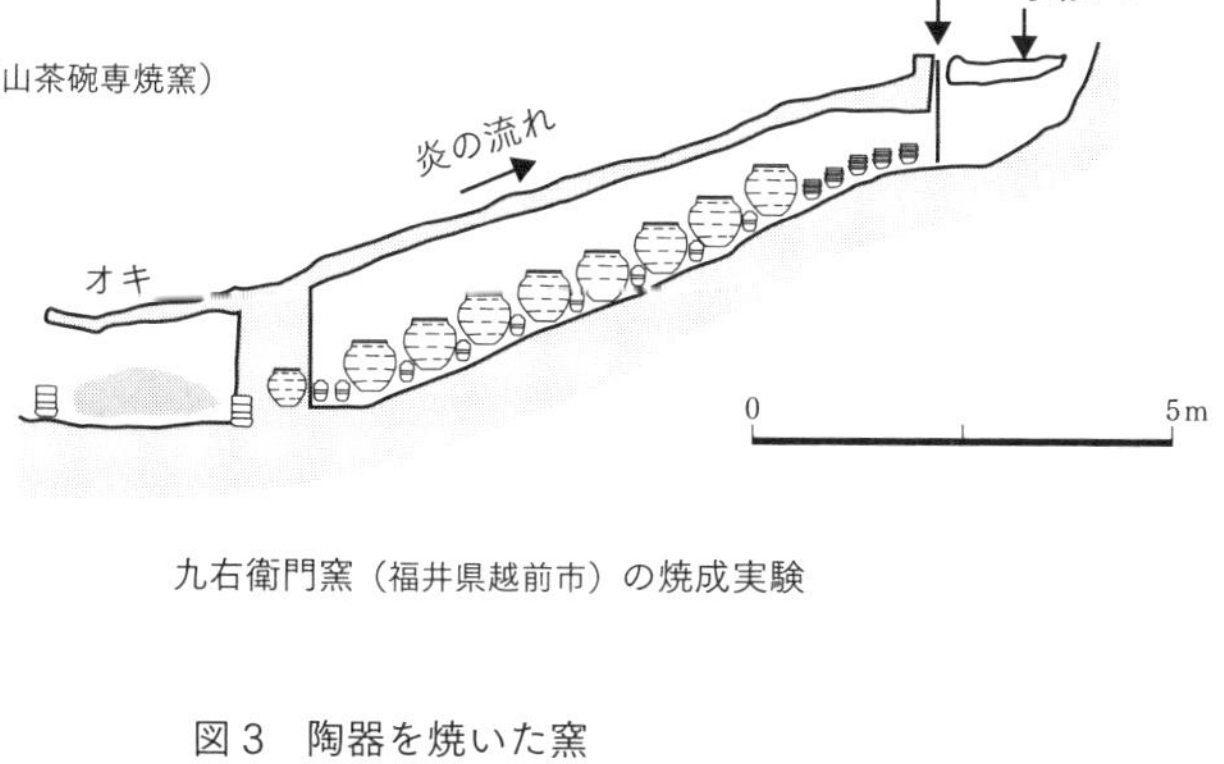

九右衛門窯（福井県越前市）の焼成実験

図３　陶器を焼いた窯

そして、これらの窯業地では生産の合理化、製品の量産化を目的として、従来の窖窯とは異なり、窯の大型化が進められます。

瀬戸・美濃地方の大窯は分炎柱の左右に小分炎柱・昇炎壁を設け、窯の燃焼効率が非常に高くなりました（図４）。その燃焼効率のよさは、焼成室の拡大、安定的な焼成を可能とし、さらに作業のしやすい地上式の窯となったことです。ちなみにこの大窯で生産されたやきものを瀬戸・美濃大窯製品とよんでいます。

備前窯では、従来の窯がおよそ長さ一〇メートル、幅一・五メートル前後であったのにたいして、全長四〇メートル、幅は三メートルを超える大規模な窯へと変化し

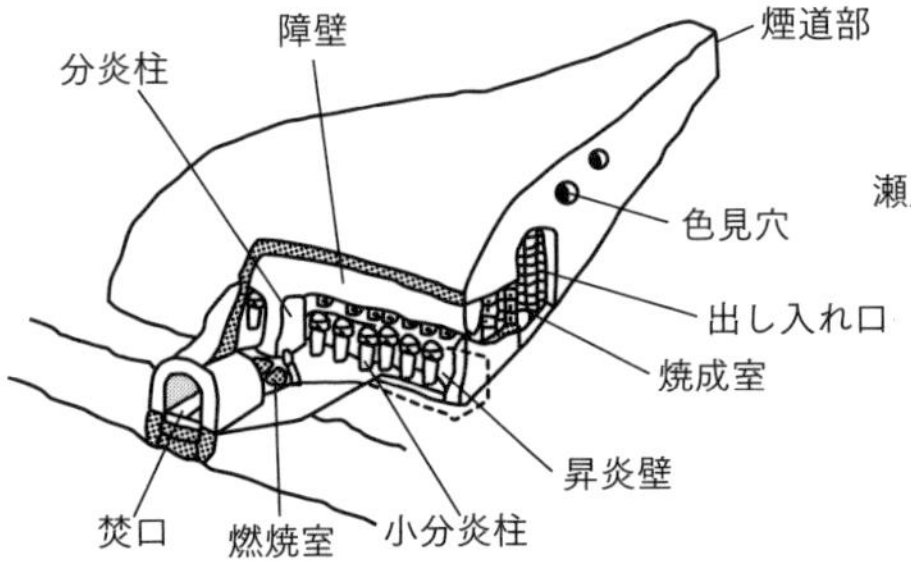

瀬戸・美濃型大窯模式図

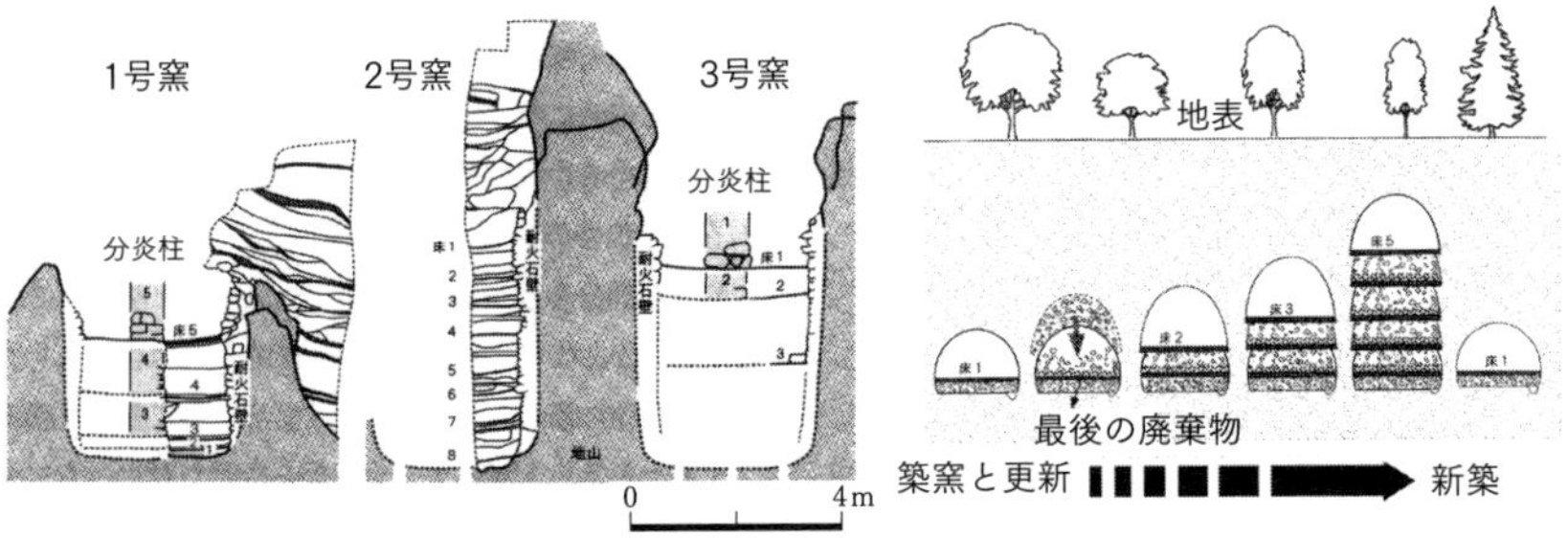

越前岳ノ谷１～３号窯断面図と窯の更新模式図

図４　戦国時代の大窯

ます。大型化にともない「土柱」と称する天井を支えるための柱がつくられるようになったことも大きな特徴です。

備前窯の代表的大窯のひとつである「不老山東口窯《ふろうさん》」から出土したすり鉢片などの遺物は千数百箱におよぶといわれ、いかに大量の製品が生産されたのかがわかります。

越前窯の岳《だけ》ノ谷《だん》窯跡の調査では、長さ二六メートル、最大幅六メートル、分炎柱の高さ二メートルという巨大な窯がみつかりました（図4）。この窯は初期の越前窯とくらべると、長さ、幅とも二倍以上で、焼成室の容積は八倍ほどとなり、窯詰めされる製品も格段に多くなりました。

この窯ではもうひとつ非常に合理的な窯の更新がおこなわれていました。最初の窯は地表下深くにつくり稼働するのですが、焼成のくり返しで壁が保たれなくなると、その窯の上部を掘り直し窯を更新するのです。新規に窯を掘削するよりはるかに効率のよい窯構造です。

信楽窯では、焼成室の中軸に分炎柱ではなく分炎壁を設けて天井を支え、窯体の幅を広げることで焼成室の面積を増加させました。この窯は「双胴式」窖窯とよばれるものです。

このように各地の窯業地で、生産の集約化や量産化にむけ、それぞれ独自の大型の窯の創出をみせるのです。それは、やきものが広く庶民にまで普及する近世的なやきものの世界へのはじまりを意味しています。

3　中世やきものの生産地

中世陶器窯の分布（県別の窯数図）

二〇一〇年に刊行された『古陶の譜　中世のやきもの―六古窯とその周辺―』（MIHO MUSEUM）には、列島各地の窯跡の集成が掲載されています。その資料を参考に、列島各地の窯跡数を地図に落としたのが図5です。

列島全域の中世の窯業地は八〇カ所を超えるとされています。そのなかには窯が数基しか確認されていない窯業地もあれば、数百基を超える大窯業地もあります。またひとつの窯で生産される製品の量も、窯の規模によって大きくちがってきます。そのため、窯の数のみで生産量を比較することはできませんが、こうした点を念頭において現在確認されている窯の数を県別に概観してみたいと思います。

常滑窯、渥美窯、瀬戸窯をようする愛知県が四〇〇〇基以上と圧倒的に多く、ついで隣りの岐阜県が五〇〇基を超え、両県を合わせて五〇〇〇基近い数となります。これは現在確認されている列島全域の窯数の八〇パーセントを超えるもので、東海地方が中世における最大の陶器生産地であったことは明白です。

それ以外の主要な生産地をみますと、福井県が約二〇〇基、岡山県が約一五〇基、滋賀県が約五〇基以上、それと兵庫県が約三〇〇基を超えています。これらの県には越前窯、備前窯、信楽窯、丹波窯などの窯業地があり、東海地方の瀬戸窯、常滑窯とともに、現代にいたるまで日本を代表するやきものの産地として知られています。

図５　列島各地の窯跡数の比較

兵庫県や岡山県には、丹波窯や備前窯のような知名度の高いやきものの産地のみではなく、東播窯、亀山窯、勝間田《かつまだ》窯などが含まれているのが注目されます。

この岡山県、兵庫県に匹敵するのが鹿児島県と石川県です。鹿児島県のばあいは窯のすべてが奄美諸島の徳之島にあるカムィヤキ窯で、石川県のばあいは能登半島先端にある珠洲窯の存在が大きいです。

このように比較的規模の大きな窯業地のいっぽうで、東北地方を中心に数基から十数基の小規模な窯業地が列島各地に広がっていることがわかります。そして、その大半が鎌倉時代を中心とする中世前期のものであることが注目点です。なぜ、中世前期に多いのかは、別項で述べたいと思います。

これらの窯業地は、半世紀ほど前まではその存在すら知られていなかったものが大半なのです。そのようなことから、いまは窯がほとんど確認されていない九州地方や山陰地方、関東甲信地方からも新たに窯が発見される可能性があるかもしれません。そのいっぽうで、その空白はまぎれもない事実であるのかもしれません。考古学の世界では、このような空白をどのように解釈するかが重要な作業のひとつです。

須恵器系陶器窯の分布と消長

図6・7を参考に須恵器系陶器の生産地の分布とその消長についてみてみましょう。

須恵器系陶器窯の分布は、兵庫県、岡山県、香川県などの瀬戸内海沿岸地域に広がるグループ、北陸地方から東北地方の日本海側に広がるグループ、それと九州から琉球諸島に広がるグループに大きく分けられます。

瀬戸内海沿岸を中心に広がるグループは古代須恵器の生産技術を踏襲するもので、須恵器に似た形や

● 須恵器系陶器窯
○ 瓷器系陶器窯
須恵器系窯主体地域
瓷器系窯主体地域
瓷器系陶器窯のみの地域
須恵器系窯主体地域
エヒバチ長根
南外
花立
伊豆沼
新溜
三本木
執行坂
水沼
白石
五頭山麓
梁川
飯坂
珠洲
大戸
八尾
加賀
越前
宮谷
信楽
中津川
東濃
瀬戸
丹波
勝間田
猿投
湖西
旗指
常滑
皿山
渥美
清ヶ谷
上七重
鎌山
亀山
備前
東播
十瓶山
花園
香美
坊僧
伊賀
佐古亀山
樺番城
下り山
カムィヤキ

図6　中世陶器窯の分布

装飾をもっていました。

生産の開始は一一世紀中葉のことで、兵庫県の東播窯を構成する神出窯、三木窯、岡山県の勝間田窯、香川県の十瓶山《とがめやま》窯などがあります。それらの窯では、中世を特徴づける甕・壺・鉢、椀・皿などの器種に加えて、瓦を生産していました。ちなみに瓦は東播窯のみならず、瓷器系陶器の渥美窯や常滑窯でも生産されており、中世やきものの成立を考えるうえで重要な要素のひとつです。

そして一二世紀中葉から、大規模な生産地として東播窯の魚住窯、岡山県の亀山窯、備前窯などの生産があらたにはじまり、各地に小規模な生産地が出現しました。

北陸地方から東北地方の日本海側に広がるグループは、石川県、新潟県から秋田県にいたる日本海沿岸地域と福島県の内陸部に分布します。このグループは、珠洲窯とその珠洲窯の影響のもとで生産がはじまったものです。

その中核にある珠洲窯は、東播窯の影響と東海地方の常滑窯、瀬戸窯などの技術を加え、さらには大陸の陶磁器の影響も受けて生み出された生産地といわれています。西日本の多くにみられた古代須恵器の系譜上に位置づけられるものとは異なる新たな装いの中世陶器生産で、甕・壺・すり鉢などの基本三種に加えて、多様な宗教器を生産していました。そして、もっとも新たな装いを特徴づけるのが、櫛目《くしめ》文《もん》をはじめとしたさまざまな文様が器面を彩っていたことです。櫛目文とは、四耳壺や水注の体部に櫛状の工具で波状に文様を入れたものです。

さて、須恵器系陶器窯の大半は、中世前期に終焉を迎えます。中世後期まで継続するのは西日本では備前窯、亀山窯、魚住窯など、東日本では珠洲窯とわずかな産地のみです。それらのやきものも、備前窯は常滑窯の甕に似た褐色の甕やすり鉢を生産するようになり、中世後期に発展を遂げてゆくのですが、

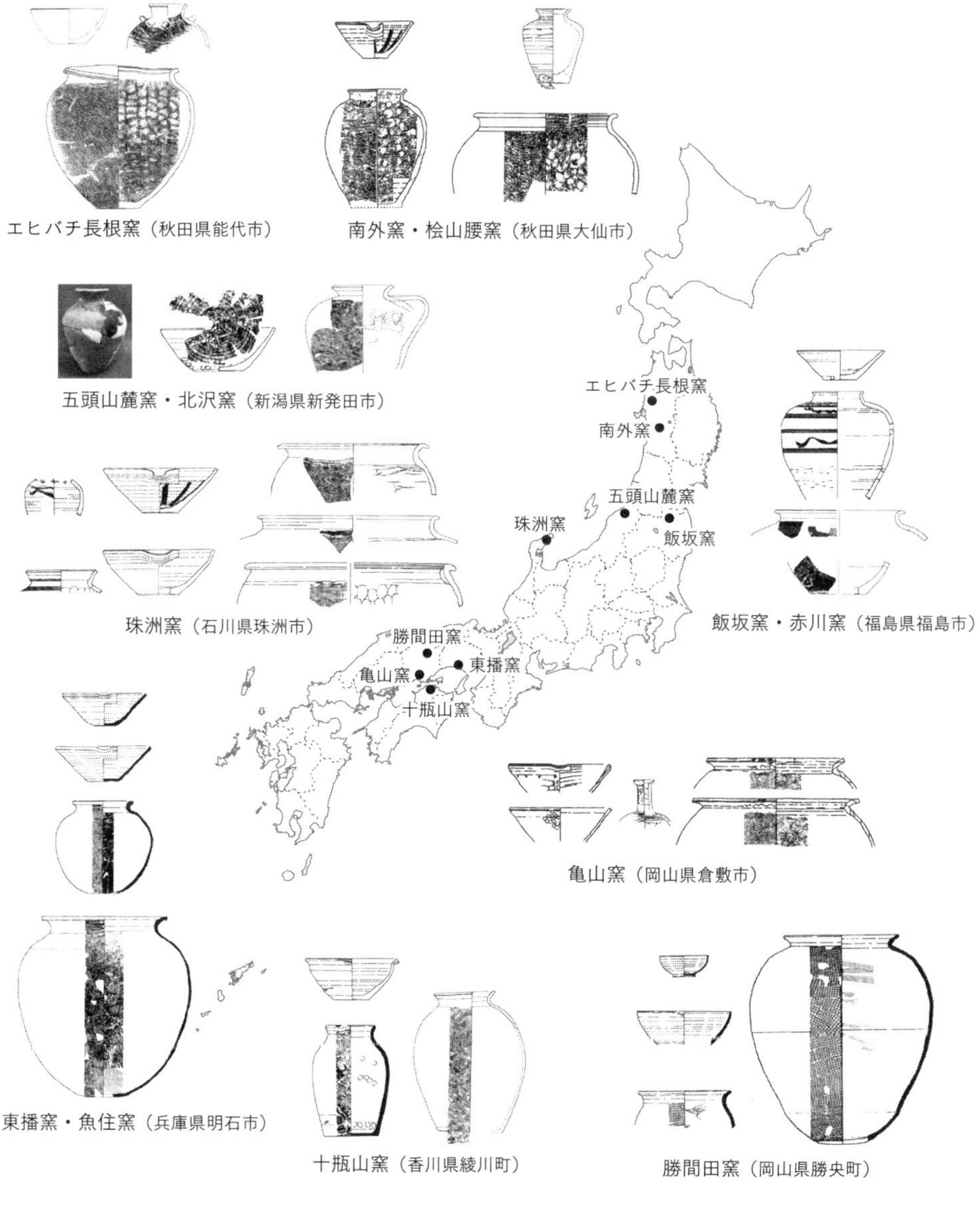
エヒバチ長根窯（秋田県能代市）
南外窯・桧山腰窯（秋田県大仙市）
五頭山麓窯・北沢窯（新潟県新発田市）
エヒバチ長根窯
南外窯
五頭山麓窯
珠洲窯
飯坂窯
珠洲窯（石川県珠洲市）
飯坂窯・赤川窯（福島県福島市）
勝間田窯
亀山窯
東播窯
十瓶山窯
亀山窯（岡山県倉敷市）
東播窯・魚住窯（兵庫県明石市）
十瓶山窯（香川県綾川町）
勝間田窯（岡山県勝央町）

図７　各地の須恵器系陶器製品

亀山窯や魚住窯などはしだいに焼きの悪い瓦質やきものへ変化し、器種もすり鉢が主体となってゆき、戦国時代には消滅します。東日本で唯一残った珠洲窯も装飾の豊かな壺類は焼かれなくなり、器種も甕やすり鉢と減少してゆき戦国時代後半には消滅します。

瓷器系陶器窯の分布と消長

図6をみると、瓷器系陶器窯は大半が東海地方にあることがわかります。その背景には、この地域が古代の灰釉陶器の一大産地であり、その技術が中世瓷器系陶器生産へと継承されたことをすでに分類のところで述べました。そのようなことから、東海地方以外の瓷器系陶器生産についても、その技術は東海地方から伝わったものと考えられます（図8）。

東北地方では岩手県平泉町の花立《はなだて》窯、宮城県の白石《しろいし》窯、伊豆沼《いずぬま》窯、熊狩《くまかり》窯、水沼窯、福島県の大戸窯、梁川《やながわ》窯、北陸地方では福井県の越前窯、石川県の加賀窯、富山県の八尾《やつお》窯、新潟県の五頭山麓窯などがありました。

花立窯と水沼窯は、渥美窯の影響のもとに成立したものとされています。ただ、花立窯は一二世紀初頭に東海地方の窯の影響を受けたと考えられているのですが、製品は完成するに至らなかったようです。つぎに水沼窯が一二世紀中葉につくられます。いずれも平泉藤原氏がつくったものです。別項で詳細に触れたいと思います。

この二つ以外の東北地方と北陸地方に成立した瓷器系の窯はすべて常滑窯の影響を直接、ないしは間接的に受けて成立したものです。これについても別項以降でふれたいと思います。

西日本に目をむけると、滋賀県の信楽窯、兵庫県の丹波窯、緑風台《りょくふうだい》窯、山口県の上七重《うわななえ》窯などがあり

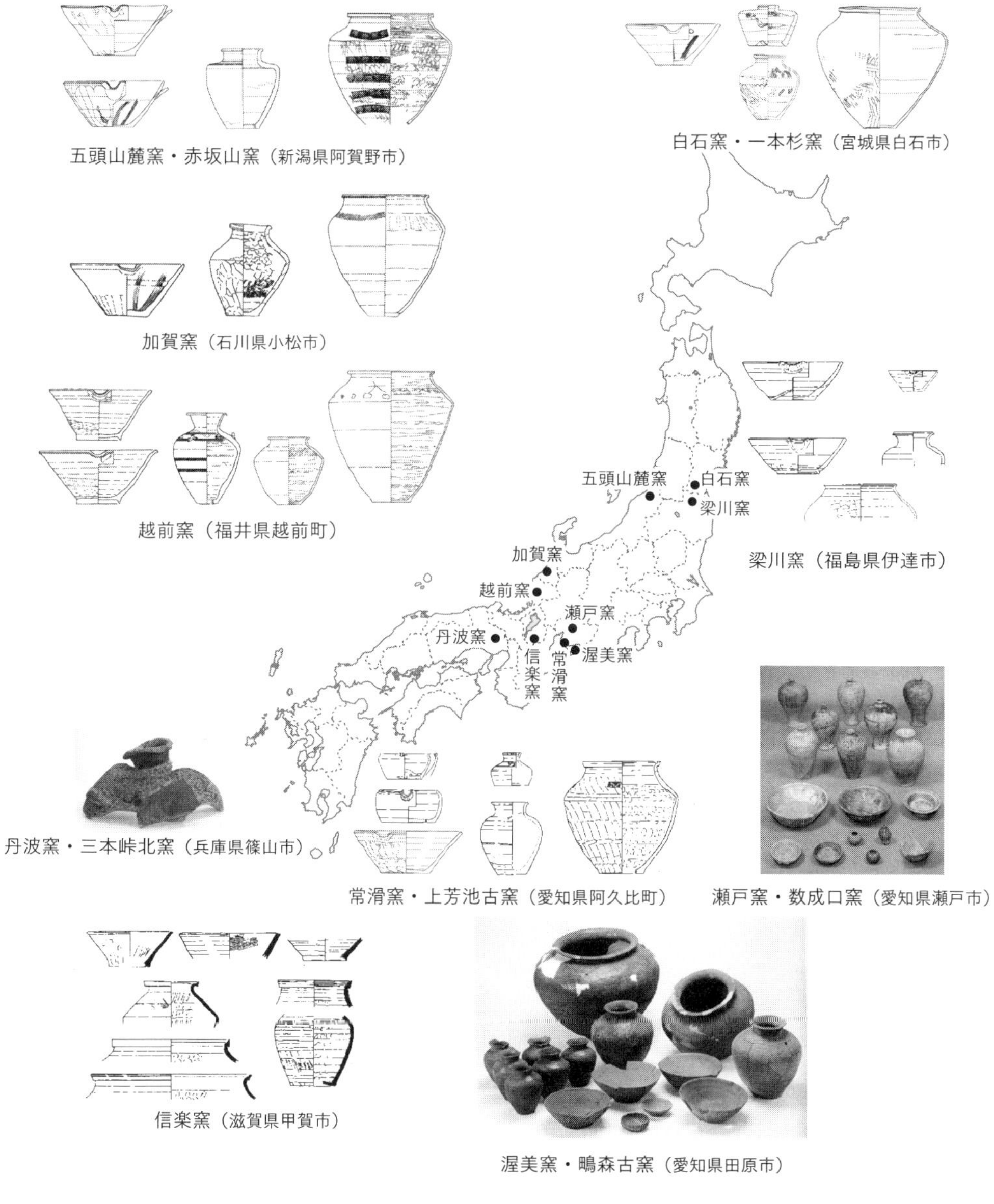
五頭山麓窯・赤坂山窯（新潟県阿賀野市）
白石窯・一本杉窯（宮城県白石市）
加賀窯（石川県小松市）
越前窯（福井県越前町）
五頭山麓窯
白石窯
梁川窯
梁川窯（福島県伊達市）
加賀窯
越前窯
瀬戸窯
丹波窯
信楽窯
常滑窯
渥美窯
丹波窯・三本峠北窯（兵庫県篠山市）
常滑窯・上芳池古窯（愛知県阿久比町）
瀬戸窯・数成口窯（愛知県瀬戸市）
信楽窯（滋賀県甲賀市）
渥美窯・鴫森古窯（愛知県田原市）

図8　各地の瓷器系陶器製品

ます。

信楽窯は一三世紀中葉に成立しました。地理的に東海地方に近いこともあり、直接的に常滑窯の技術を導入したとされ、初期のものは常滑窯の製品にとても似かよっています。

丹波窯の三本峠《さんぼんとうげ》北《きた》窯、その丹波窯に隣接して緑風台窯があります。両窯ともその成立は一二世紀後半にさかのぼるものではないかとされ、そのころに丹波窯は成立したものといわれています。両窯とも常滑窯の影響を受けたとされますが、印花文や草花、鳥などの彫文様が施されたものが確認されており、古瀬戸に類似する製品もあります。そのような状況から常滑窯のみならず東海地方の猿投窯や美濃須衛《みのすえ》窯などの影響があったものとされています。

上七重窯は、壺・甕は常滑焼に類似するのですが、鉢はすり目のあるすり鉢で、北陸、東北地方と同じ器種構成といえます。上七重窯の存在を考えると四国地方、さらには九州地方などにも今後瓷器系陶器の窯が確認されることは否定できません。

このような瓷器系陶器窯も中世後期まで継続するものは、東海地方では瀬戸窯、常滑窯、東濃《とうのう》窯と大幅に減少します。そして西日本では丹波窯、信楽窯、伊賀窯、北陸では越前窯などに集約されてゆくのです。

褐色のやきものの拡散

中世前期の瓷器系のやきものは、褐色のイメージです。その褐色のやきものの生産は一二世紀中葉に愛知県の常滑窯ではじまったと考えられています。

常滑窯や渥美窯など瓷器系陶器のはじまりは還元炎焼成された灰色のやきものでしたが、常滑窯はし

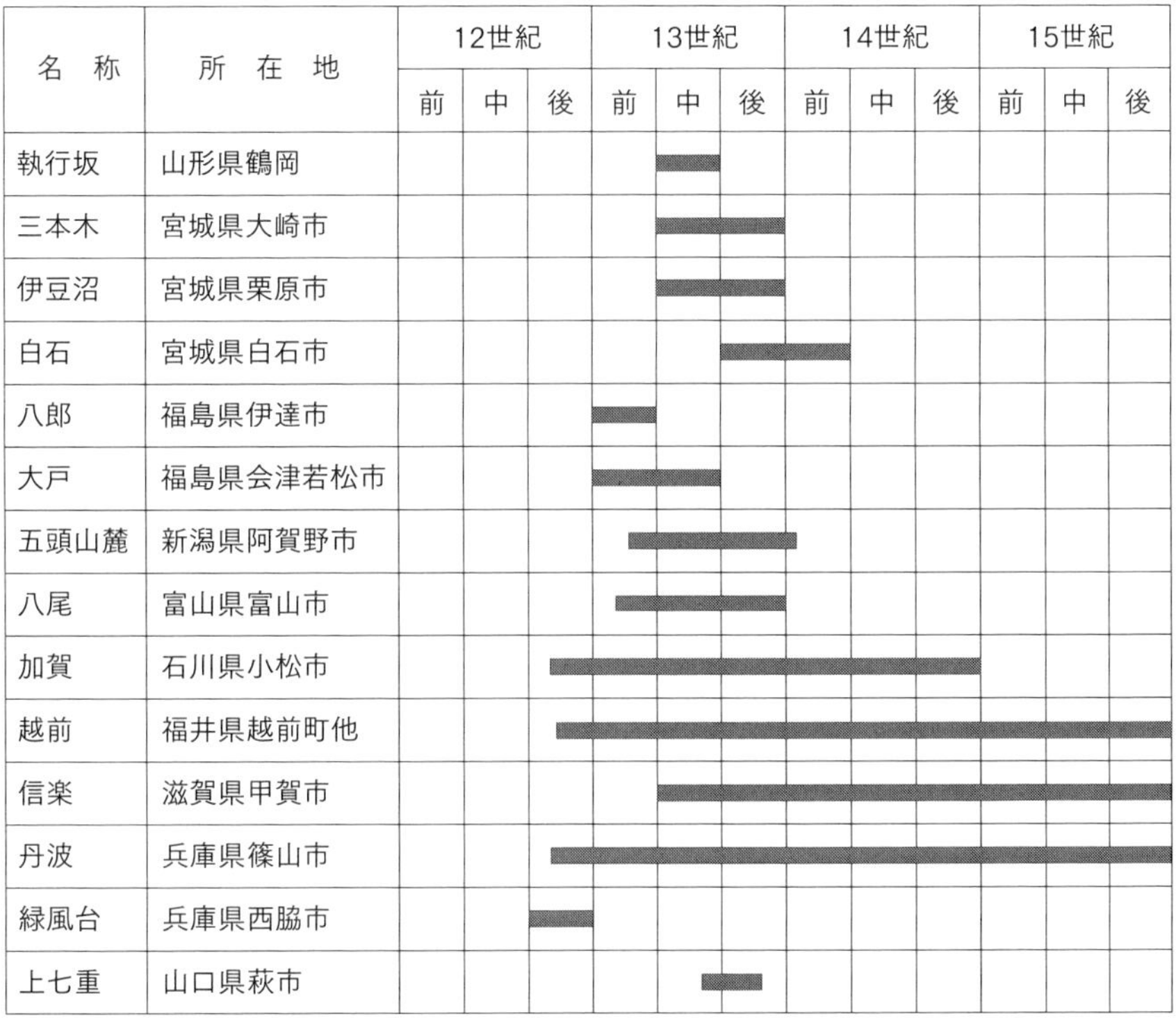

＊井上喜久男さん、中野晴久さんの研究成果を参考に作成しました。

常滑窯の技術拡散
常滑窯の影響を受けた瓷器系陶器の窯は、北は東北地方の山形県、宮城県から、南は中国地方の山口県まで広がっていました。12 世紀後半に成立した窯は越前窯・加賀窯、丹波窯（丹波窯に近い位置にある緑風台窯）があり、13 世紀前半に成立した窯には、八郎窯、大戸窯、五頭山麓窯、八尾窯などがあり、13 世紀中葉に成立した窯には執行坂窯、信楽窯、上七重窯などがありました。

図９　褐色のやきものの拡散

だいに褐色の壺や甕を生産するようになったのです。その常滑焼の壺・甕は、鎌倉時代に至り、東日本はもとより西日本各地まで流通するようになりました。あわせて、その生産技術は列島各地に伝播してゆき、あらたな瓷器系陶器窯が出現したと考えられています（図9）。

器表面が褐色になるのは、陶土に含まれる鉄分が酸化し、酸化第二鉄となるからです。そのためには窯に酸素を供給しなければなりません。しかし、実際のやきものの断面を観察すると、表面は褐色なのですが、内側は須恵器と同じような灰色を呈しています。焼成は還元炎でされ、最終段階に酸化炎焼成されたことを意味しています。

田中照久さんは、復元越前窯の焼成実験から、瓷器系陶器と須恵器系陶器の焼成後の焼肌の色のちがいは焼成過程ではなく、火を止めた後の冷却方法のちがいによって決定されると報告しています。具体的には、窯の火を止めた後、焚口だけを耐火煉瓦と泥土で塞ぎ、煙道は開けることにより、その隙間を通じて酸素が窯のなかに吸い込まれ、熾《おき》を燃焼してあまった酸素が陶土中の鉄と化合し酸化第二鉄になり、褐色に焼きあがるという結果を導きだしています。研究者によって窯の密封方法にちがいがあるのですが、最終段階に冷却し褐色を得る焼成方法であったという点は同じようです（図3）。

これだけ列島各地に窯が広がっていれば、窯ごとに陶土にちがいがあるはずです。それにもかかわらず褐色に仕上がった壺や甕が生産されることは、原料の陶土中の鉄分などによって決まるものでなく、田中照久さんの実験にあるように焼成技術によるところがとても大きなことのようです。このことから、さきに述べたように、褐色の壺・甕の生産には常滑窯の焼成技術が中心にあることはまちがいないようです。

なにゆえに、褐色を求めたのか、そして各地に広がっていったのでしょうか。

錯綜する北陸・東北地方の中世窯

図10は、北陸地方から東北地方の中世前期の陶器の系譜を模式化したものです。

須恵器系陶器窯主体地域、須恵器系陶器窯と瓷器系陶器窯の混在する地域があります。前者は、一二世紀末から一三世紀前半に珠洲窯の技術を受け入れ成立した地域です。秋田県のエヒバチ長根窯や南外窯に代表されます。後者は、新潟県の五頭山麓窯（北越窯ともよばれる）、福島県の大戸窯のように、もともと須恵器系陶器の生産地であったものが瓷器系陶器生産地に転換した窯業地、それと新規に瓷器系陶器生産をはじめた窯業地を含んでいます。この須恵器系陶器窯と瓷器系陶器窯混在地域についてみてみましょう。

五頭山麓窯に伝えられた珠洲窯の生産技術は、阿賀野川上流の会津の大戸窯

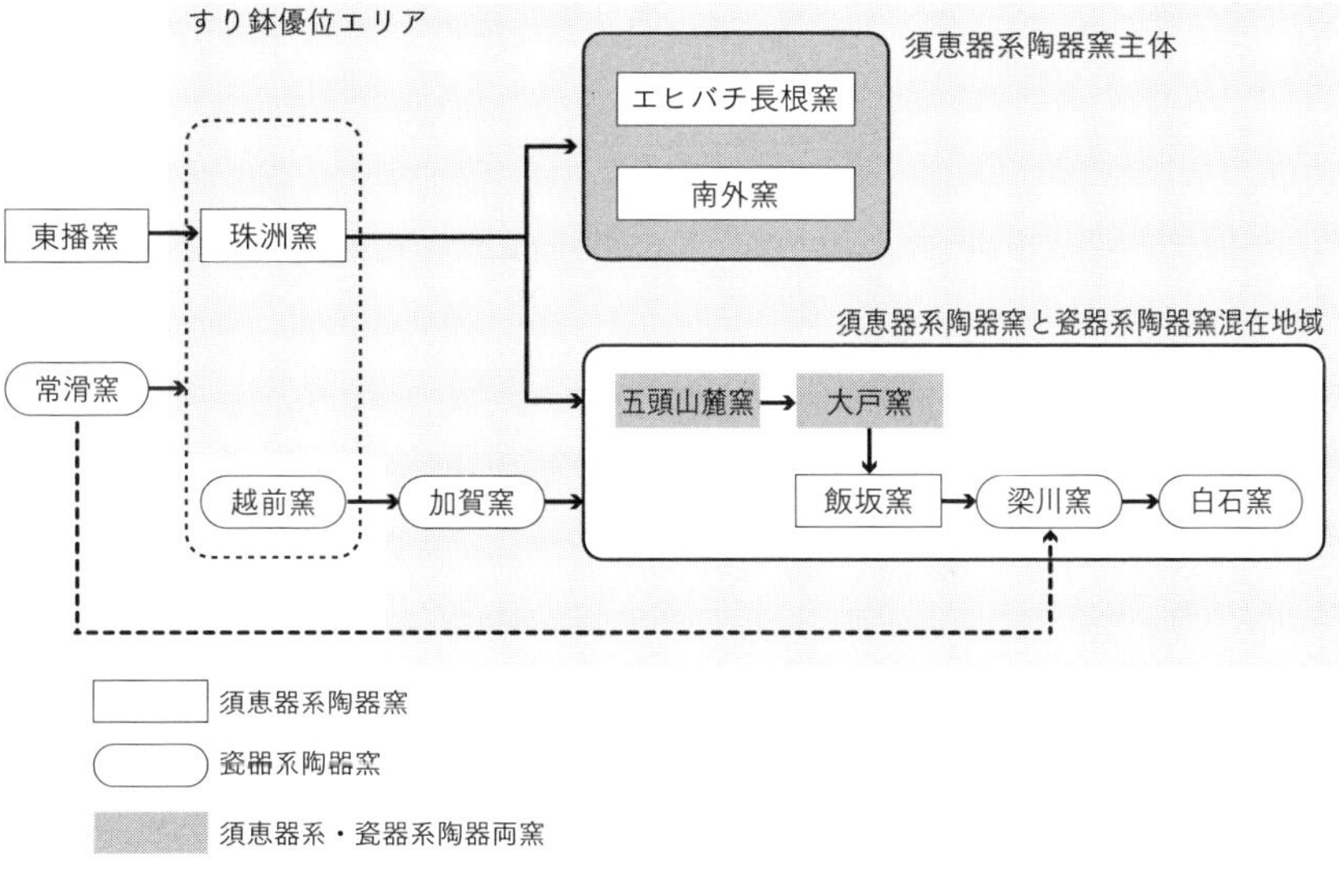

北陸・東北地方の中世窯のベースには古代の須恵器生産技術があると考えられています。そこに、珠洲窯、常滑窯の技術が直接もしくは間接的に導入され、複雑な生産地として発展してゆきました。

図10　錯綜する北陸・東北地方の中世窯

（口絵18）に伝わり、さらには福島盆地の飯坂窯に伝わったと考えられています。古代以来、会津のさまざまな文化や技術は、阿賀野川を経由して日本海からもたらされた長い歴史があります。

一三世紀に入ると、五頭山麓窯須恵器系陶器は、加賀窯の影響を受け瓷器系陶器に転換したといわれています。その技術は、ふたたび会津に伝わり大戸窯の瓷器系陶器窯を生んだといわれています。

しかし、五頭山麓窯をはじめとして福島県の梁川窯、宮城県の白石窯ともに、常滑窯の技術が直接もたらされたのではないかという考えも強くあります。

そのような技術系譜を前提として、これらの窯から出土するすり鉢に注目してみましょう。須恵器系陶器製品では、すり目のあるすり鉢であるのにたいして、常滑窯を中心とする瓷器系陶器製品はすり目のない片口鉢が主体なのです。そのため、五頭山麓窯、梁川窯などでも技術導入のころは、すり目のない片口鉢を生産していたのですが、いつのまにかすり目の入ったすり鉢生産へと移行するのです。これは、当時の北陸地方や東北地方の人たちにとって、すり目のあるすり鉢が片口鉢よりも優位性のあるものというイメージが定着したことを意味するのではないでしょうか。

中世前期の関東地方の瓦質土器生産

図6のやきもの生産地の分布をみますと、関東地方にはやきもの生産地がありません。なぜ、関東にはやきもの生産地がないのでしょうか。

関東地方の流通を考えるばあい、沿岸域を中心とする南関東と内陸部を中心とする北関東にわけて考えることができます。南関東には、政権の中心である鎌倉の外港である六浦《むつうら》、品川港などがあり、やきものをはじめとしてさまざまな物資が移入されていました。そのような港から河川交通や陸上交通を利用してやきものが運ばれた北関東では、遺跡出土のやきものにかなりちがいがみられました。

たとえば、南関東の相模（神奈川県）や南武蔵（東京都）の中世前期の城館遺跡では、貯蔵具と調理具は常滑焼の甕と片口鉢が大半をしめていました。たいする内陸の北関東の北武蔵（埼玉県）・上野《こうずけ》（群馬県）・下野《しもつけ》（栃木県）の城館遺跡では、貯蔵具は南関東同様に常滑焼の甕なのですが、調理具は常滑焼の片口鉢とともに瓦質の片口鉢が出土するのです。量的には瓦質片口鉢のほうが多いです。その片口鉢は、体部のケズリ整形、底部の糸切り痕など瓦の整形に似ていました。

常滑焼のような広域流通品が搬入するにもかかわらず、なぜ瓦質製品が出現したのでしょうか。もっとも簡単な解釈は、内陸であることから常滑焼の供給量が不足したため、瓦質土器による自給策が講じられたと考えることです。以前私もそのように考えたのですが、常滑焼の甕や片口鉢は内陸の城館遺跡からも確認されており、決してその供給量が少なかったとはいえません。

大型の甕は、水や酒などの液体をためるためだけでなく、酒の醸造など生産のための重要な道具であり、その使用者は支配層を中心とするものです。北関東のたいていの中世前期の城館遺跡で常滑焼の甕が確認されていることから、貯蔵具については常滑焼の供給で足りていたのではないでしょうか。ただ、使用頻度も高く、その使用者も幅広い階層が想定される片口鉢は、在地産であれば価格も安く、手に入りやすく、常滑焼の片口鉢に代わる商品として普及したことは十分考えられることです。

それならば、なぜ東北地方や北陸地方のような瓷器系陶器生産は成立しなかったのでしょうか。

そこで浮かぶのは、北関東では鎌倉時代に瓦生産がおこなわれていたことです。埼玉県美里《みさと》町の水殿《すいでん》瓦窯の製品が鎌倉の永福寺《ようふくじ》の再建時に供給されていたことがわかっています。関東各地に造営された経塚のなかには、瓦と同じ焼成の経筒外容器が使用されている例もあり、瓦工人たちは、瓦のみを生産するのではなく、時代がさがるとともに片口鉢のような日常容器も積極的に生産するという自立的行動ではないでしょうか。

いま述べてきた北関東の事例は、列島全体でみるとほんの一例です。常滑焼のようなやきもの生産が確認できないところは、それに代わる製品があったり、やきものを必要としない生活様式がそこにあったのかもしれません。

4 文様を知る

私たちが日常生活で使うやきものの大半は、絵柄や文様が入っています。しかし、やきものに文様が描かれることが当たり前になるのは近世になってからのことです。それでも中世のやきものに装飾がまったくなかったわけではありません。

瓷器系陶器の渥美窯、常滑窯、瀬戸窯、須恵器系陶器の東播窯、珠洲窯などで生産されたやきものに文様を多くみることができます。それと瓦質土器の火鉢、風炉、香炉などにもあります。

文様の研究は、大きく分類して瓷器系陶器の渥美窯と常滑窯、高級施釉陶器の瀬戸窯、須恵器系陶器の珠洲窯、西日本の須恵器系陶器の東播窯などの製品で進められてきました。

吉岡康暢さんは、文様研究が、やきものの編年研究のひとつの構成要素として有効なこと、文様の類似性などから推測できる窯跡間の交流や、文様を構成する図形・図文の意味の検討から中世社会独自の文化的思想的性格の一端を探れる点など、さまざまなことにその成果がおよぶものと論じています。こここでは、その内容を深く紹介することはとても難しくてできませんが、その一部を紹介します。

瓷器系陶器の文様

瓷器系陶器の文様は、施文方法のちがいから「押印文《おういんもん》」「刻《こく》文《もん》」のふたつに大別されています。常滑窯では押印文の種類が多く、その分類が進んでいます。いっぽう、渥美窯は刻文の発達が顕著で、その分類が進んでいます。

中野晴久さんの常滑焼の研究によると、押印文は羽子板状の板や木槌のような道具で甕や壺の表面を叩いてつけるものと、小さな施文具で押捺するものがあり、後者を「印花文《いんかもん》」とよんでいます。

甕をつくる際に粘土紐を巻きながら形をつくるのですが、押印文は、その粘土の接合部を密着させるために甕の外面を叩いたものです。そのときに使用したのが先の羽子板状の板で、その板に彫られた図柄がやきものの外面に押印されるのです。古いものは、甕の外面にランダムに押されたり、数段にわたり連続した文様となっているのですが、新しくなると甕の肩に数個となったり、一個というものも増えてきます。

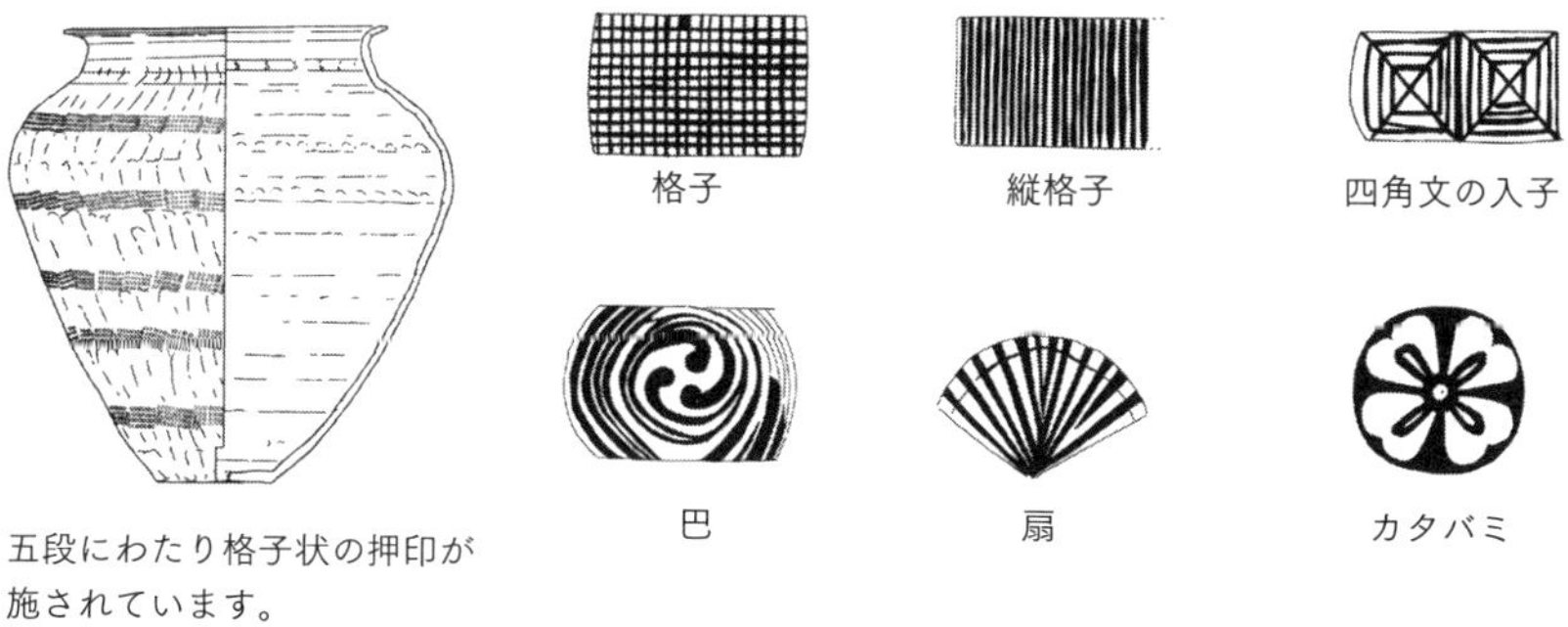

五段にわたり格子状の押印が施されています。

図11　常滑焼甕の押印と押印の意匠

文様には、横線と縦線を組み合わせた格子文《こうしもん》、さらに格子に斜め線を入れたもの、四角文が入子になったもの、巴や菊花などをあしらったものなど、常滑窯だけで七八〇種類にもなるといわれています（図11）。

この押印文は、常滑窯の影響を受けた日本海沿岸の越前窯、加賀窯、五頭山麓窯などにもみられます（図12）。

刻文は、ヘラのような棒状の道具で、甕や壺の表面に直線、曲線、波線、文字などを刻んだものです。この文様も各地の窯でみることができますが渥美窯に代表され、安井俊則さんにより三筋文《さんきんもん》系装飾文（三筋文、袈裟襷文《けさだすきもん》、蓮弁文《れんべんもん》）、刻画文（植物文、動物文）、刻字文、ヘラ描記号文と分類されています。

なかでも壺の外面に三本の筋を刻んだ三筋文装飾は、常滑窯を中心として、猿投窯、越前窯などでもみることができます。「刻画文」は、渥美窯、常滑窯、丹波窯、山形県の執行坂《しゅぎょうざか》窯などの瓷器系窯のみならず、須恵器系陶器の珠洲窯でもみられるのです。なかでも灰釉秋草文壺（口絵10）に代表される渥美窯、珠洲窯で発達が著しいです。

やきものの文様研究のなかで、とくに三筋文と刻画文をあしらった陶器の研究は、考古学のみならず美術史の視点からも研究が進め

赤坂山窯（新潟県阿賀野市）
押印は、常滑窯の製品に類似しています。

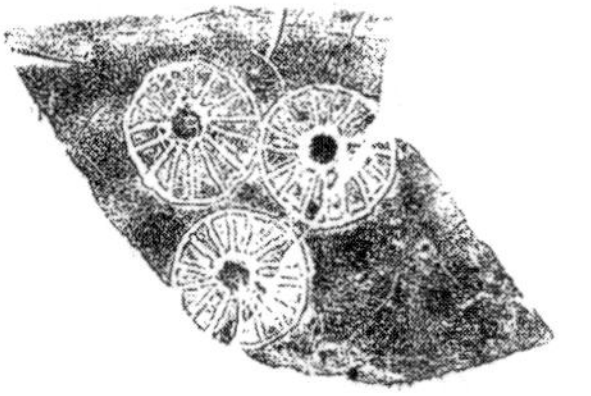

一本杉窯（宮城県白石市）
一見、押印にもみえるのですが、ヘラで菊を描いています。押印の技術が伝わらなかったのでしょうか。

図12　各地の押印と刻文

られています。

渥美窯と常滑窯にたいして瀬戸窯では、別の文様分類をおこなっています。粘土紐や粘土小円板を器面に貼り付ける貼付文、ノミやクギなどを用いて器面を陰刻する画花《かっか》、印花文、櫛描き文などがあります。古瀬戸製品の四耳壺、瓶子、水注、香炉などに貼付文、画花文が併用された文様は独特の世界をつくりだしています（口絵20・21）。

須恵器系陶器の文様

須恵器系陶器の文様を代表する生産地として、珠洲窯と東播窯をみてみましょう。

珠洲窯の文様は、東播窯などの影響を受けるとともに東海地方の瓷器系陶器の影響も受け、独特な文様の発達をみました。吉岡康暢さんにより詳細な分類がおこなわれています。珠洲窯製品を特徴づける文様としては、「叩打文《こうだもん》」「櫛目文」「刻画文」などを挙げています。

叩打文とよばれる文様は、須恵器ないしは須恵器系

壺・甕に文字や記号が刻まれています。

図13　渥美焼のさまざまな刻文

陶器にみられる文様で、平行や格子状の文様が胴部全面にみられるものです。それは装飾というより甕の表面を成形するためのもので、古代以来の技術です。東播窯など西日本の須恵器系製品では、装飾というより成形のために施されたものです。

この叩打文のなかに「樹枝《じゅし》文様」とよばれる綾杉《あやすぎ》状の文様があります（図14）。この文様は、

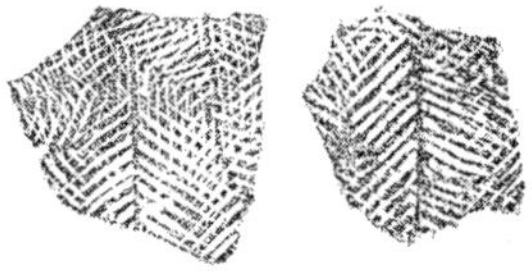

東播窯・魚住窯（兵庫県明石市）

図 14　綾杉文

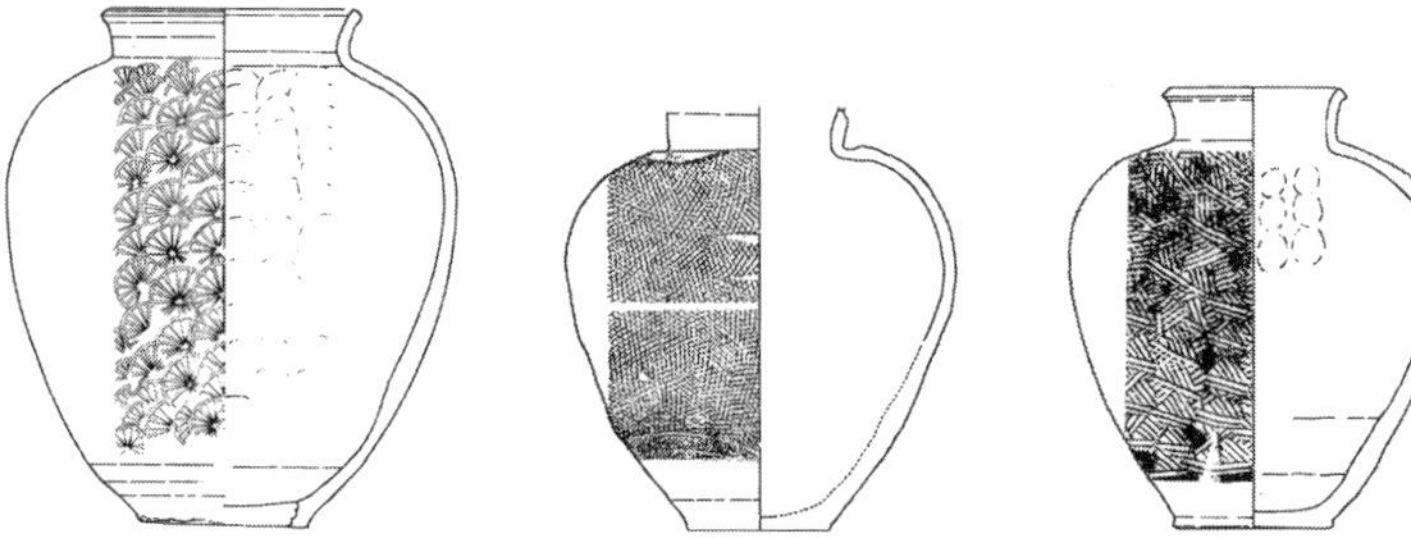

図 15　珠洲焼の叩打文壺

珠洲焼櫛目波状文壺

北沢焼櫛目波状文水瓶

赤坂山焼すり鉢

北陸地方から東北地方のすり鉢は、須恵器系、瓷器系に限らずすり目の発達が著しいです。そのすり目も壺などと同様に波状のものがあります。

図 16　北陸地方の櫛目文

東播窯に限るものではなく、珠洲窯、さらには瓷器系陶器の渥美窯、常滑窯にも認めることができます。そのルーツは高麗瓦の叩打文にあるといわれ、その技術が日本の瓦の文様に伝わり、さらには陶器の文様に転用されるようになったといわれています。綾杉状の文様は、織物の世界で「杉綾《すぎあや》」、英語でヘリンボーン（herringbone）とよばれている文様と共通するものです。

珠洲窯には格子目や車輪などを具象化した装飾的な叩打文壺がみられますが、このような叩打文は珠洲窯独特のものです（図15）。

櫛目文は、すでに古代の須恵器甕にみられる文様です。中世のやきものでは、カムィヤキ窯、備前窯でも発達した文様です。吉岡康暢さんは、珠洲窯の櫛目文ついて「珠洲古陶の装飾文は、東海諸窯の刻画文、刻文・刻印から多くを学び多芸だが、独自の櫛目文は際立った存在感をみせる。東海の三筋文、そこから派生した渥美の袈裟襷文・蓮弁文などと並ぶ、中世を代表する意匠と言える」と評価しています（図16）。

5　原型と模倣

古代以来、日本のやきものはつねに大陸のやきものの影響下にあり、その技術導入と模倣のくり返しといっても過言ではありません。やきもののモデルの頂点には中国陶磁器があるといえるのではないでしょうか。加えて、やきもののモデルには中国陶磁器ばかりでなく、国内陶器・土器、漆器、金属器などもあります。

具体的にどのようなモデルとコピーがあるのかみてみましょう。

中国陶磁器と古瀬戸

瀬戸窯の古瀬戸製品には、多くの中国陶磁器の模倣品があることはよく知られています。図17にあるように、鎌倉時代の古瀬戸前期といわれる段階には、中国製の白磁四耳壺をモデルにして灰釉四耳壺が、緑釉盤や黄釉盤《おうゆうばん》をモデルにして灰釉洗《せん》が、青白磁梅瓶《めいぴん》や高麗青磁梅瓶をモデルにして灰釉瓶子がつくられました。鎌倉時代の終わりの中期段階には褐釉陶器を模倣した天目茶碗や茶入・茶壺などが加わります。そのような古瀬戸製品も南北朝時代の古瀬戸後期段階になると、灰釉花瓶や燭台が青磁製品を、灰釉皿・端反皿《はぞり》が青磁碗や白磁皿を模倣していました。時代がさがるとともに器種が増加し、日常品が加わる傾向にありました。

さらに戦国時代の瀬戸・美濃大窯の時代になると、古瀬戸段階から続く天目茶碗や灰釉皿に加えて、青磁碗から灰釉碗を、染付皿から端反皿を、というようにすり鉢などをのぞくかなりの器種が輸入陶磁器をモデルとして生産されています。

古瀬戸でも入子のような無釉の器は、金属製品をモデルにしたといわれています。

藤澤良祐さんは、このような古瀬戸前期の模倣品には高級調度品が多いことや瀬戸焼独自の入子、おろし皿などがあることなどから、単純に輸入陶磁器の代用品にとどまるものではなく、輸入陶磁器に匹敵する価値のあるものと評価しています。

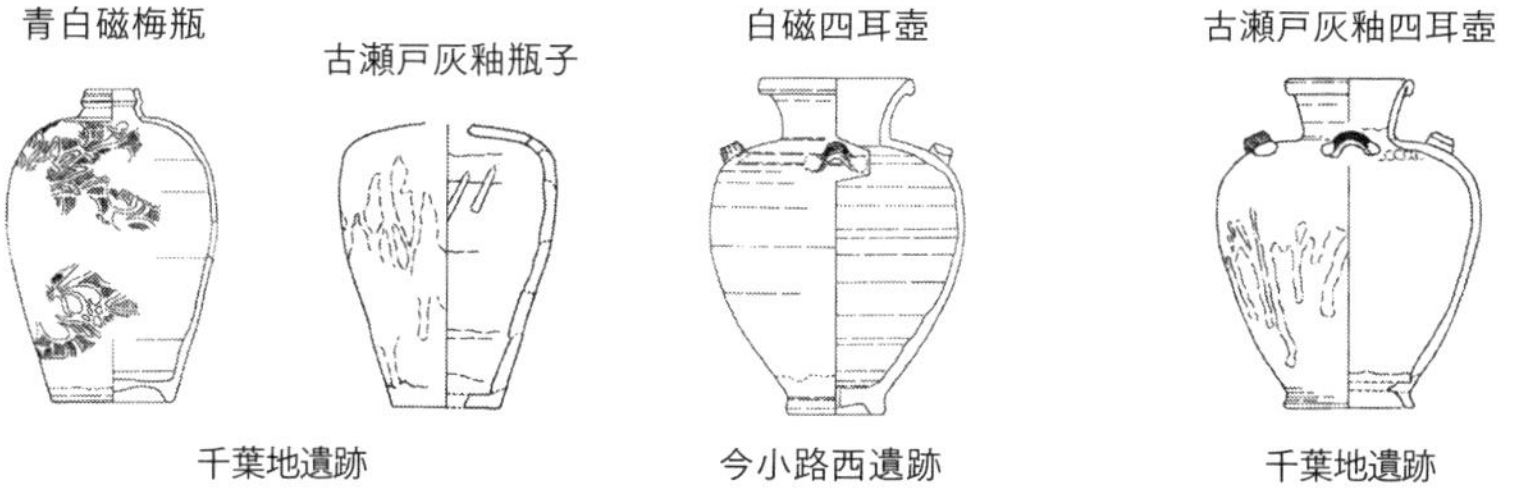

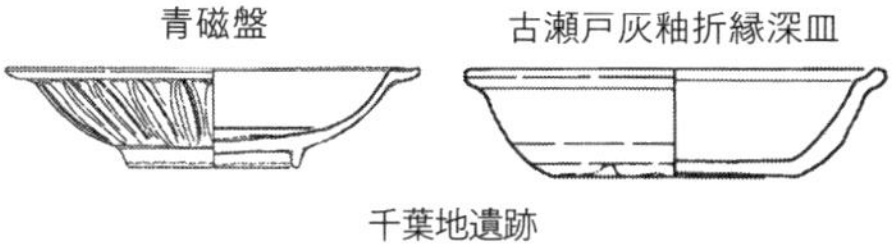

古瀬戸は中国陶磁器の補完的役割をはたしたものと考えられています。白磁製品は灰釉、褐釉製品は鉄釉に置き換えられて生産されました。そして、鎌倉を中心とする東日本を中心に普及しました。

鎌倉遺跡群（神奈川県鎌倉市）にみる中国陶磁器と古瀬戸

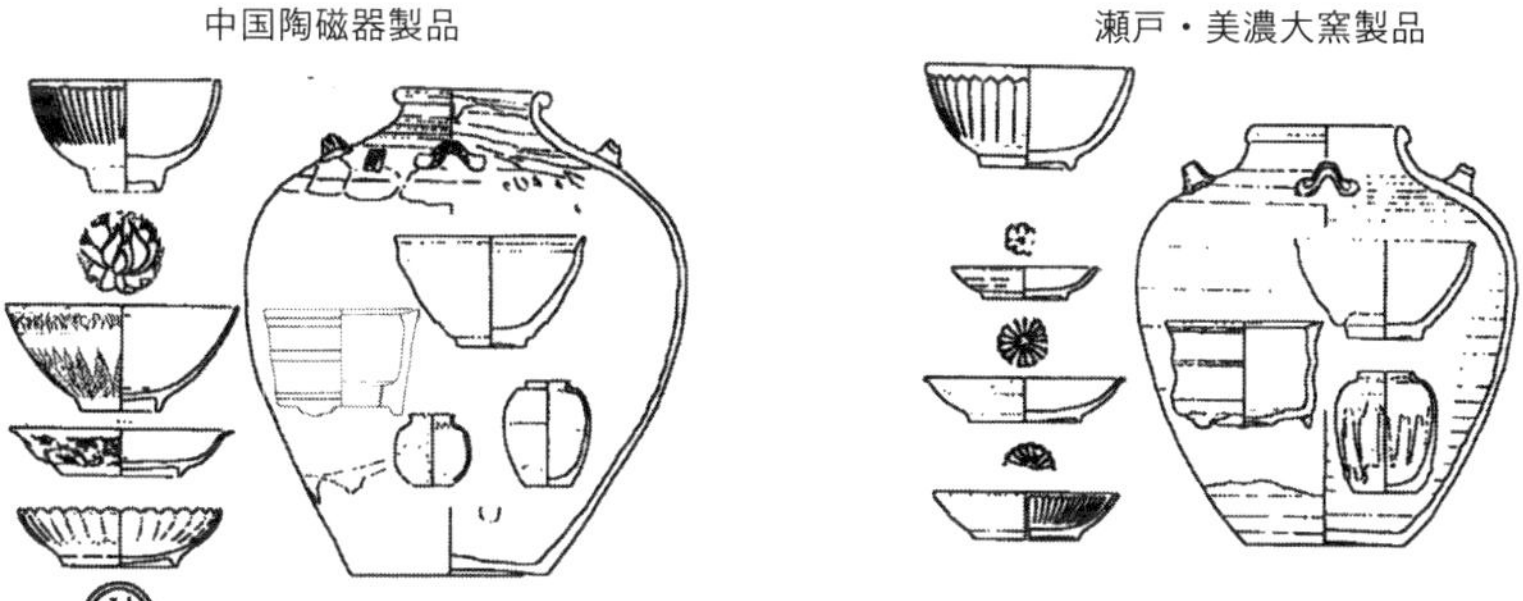

左右の図面を比較するとわかるように、瀬戸・美濃大窯製品は、中国陶磁器の青磁碗や白磁皿、染付皿などの食器、茶道具などの美術陶磁を中心に模倣していました。

一乗谷朝倉氏遺跡（福井県福井市）の中国陶磁器と瀬戸・美濃大窯製品

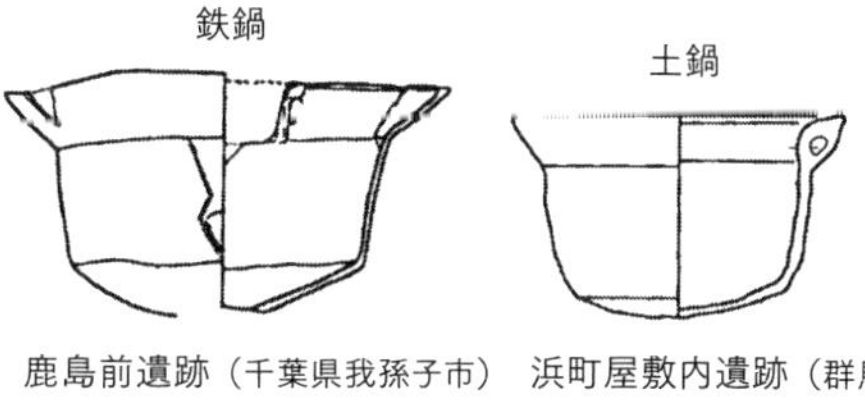

中世後期には、南東北地方から東海地方の各地で内耳土鍋がつくられていました。土鍋の口縁部の屈曲、底部の丸底など、鉄鍋をていねいに模倣したものが多いです。つねにモデルとしての鉄鍋が並行して使われていたことをものがたっているのではないでしょうか。

関東出土の鉄鍋と土鍋

図 17　やきもののモデルとコピー

模倣にみるやきものの階層性

中国陶磁器をモデルにするだけでなく、広域流通のやきものを中域流通や狭域流通のやきものがコピーするばあいもよくあることです。

また、古瀬戸の入子のように金属製品をまねたやきものはほかにもあります。その代表は煮炊き用の鍋や釜ではないでしょうか。平安時代前半の関東や甲信地域の遺跡からは、すでに鉄製鍔釜《つばがま》を模倣した須恵器製や土師器製の鍔釜が出土しています。そして、中世に至ると列島各地で鉄製鍋を模倣した土製鍋がつくられるようになりました。

中世前期には、とくに広域流通の常滑焼、珠洲焼の壺・甕、すり鉢をモデルとしたコピーが各地でつくられます。やきもののコピーは、モデルとなる生産地のやきものを新規の生産地が模倣する技術伝播ともいえ、両者間にやきものの質としての大きな格差をみいだせないばあいもありました。

中世後期には、瀬戸焼や備前焼などの陶器を模倣したすり鉢が各地で生産されました。中世前期とちがうところは、その多くが須恵器系陶器窯や瓦質土器生産者が模倣した粗悪なすり鉢が多いことです。すり鉢以外にも金属製品を模倣した土鍋、土釜のコピー商品が各地で生産されました。金属製品はもとより、やきもののモデルとコピーのあいだには質のちがいが強く感じられます。

中世前期のやきもののモデルとコピーの関係は、どちらかといえば、モデルの代替品としてのコピー商品の主体性を強く感じることができます。いっぽう、中世後期のコピー商品は廉価品が多く、広域流通品の補完的な意味あいのものが多いです。

このようにやきもののコピーは、高級な輸入陶磁器や広域流通品の代替品、補完品としての役割を担うことが多いのですが、単純にそうともいえない器種があります。なかでもあきらかにやきものとしては格下とおもわれる土器製のかわらけがコピーされるばあいです。そこには補完とか代替品としての模倣とは異なる価値観を想定しなければなりません。かわらけのみでなく、土製煮炊具など、土製品の多くに儀礼的な役割を求める研究者もいます。

6 誰がつくったのか

瓦器を生産した人びと

やきものは、誰がつくったか。それは、職人、工人、そしてそれらの人びとを支配したのは誰なのか、その窯場を掌握したのはどのような人だったのかという問題です。

『梁塵秘抄《りょうじんひしょう》』に「楠葉の御牧の土器作、土器は造れど娘の貌ぞよき、あな美しやな、あれを三車の四車の、愛敬輦に打載せて、受領の北の方と云はせばや」という歌があります。

楠葉は現在の大阪府枚方市にある地名で、土器つくりの里として名を知られていました。摂関家の年中行事をまとめた『執政所抄』などにも楠葉や京都市伏見区の深草《ふかくさ》の名をみることができ、深草や楠葉には土器や瓦器をつくる集団が生活していたことが知られます。これらの「土器つくり」は、摂関家などの支配者に従属して、土器をつくることで自分たちの身分が保証されていたようです。

やきものをつくらせたのは誰か

しかし、中世の瀬戸窯や常滑窯などでは文書記録がほとんどなく、工人や管掌者のことがよくわかりません。そのため、生産されたやきものの文様の共通性、器種の特徴などを分析することで、工人にせまる研究が進められています。ここではおもに管掌者についてみてみましょう。

さきに文様のところでふれましたが、東播窯、珠洲窯、常滑窯、渥美窯の甕には高麗瓦の図文が共通してみられました。それぞれの生産地で、甕とともに瓦生産がはじまったことを裏づけるものです。その瓦は、京都の鳥羽離宮の造営などに利用されました。

このように初期中世窯の成立には、古代の須恵器や瓷器などのやきもの生産地に瓦生産の技術がかかわったことはまちがいないと思われます。そのような京都をみすえた瓦ややきもの生産には、国衙などの勢力が重要な役割を担ったものと考えられています。

渥美窯の大アラコ古窯から出土した短頸壺に記された銘にある藤原顕長《あきなが》は、三河国司を二度にわたり務めた人物であり、そのことからも渥美窯と国衙とのかかわりが想定されます。猿投窯でも同様に尾張国衙との密接なかかわりが想定されています。

しかし、平安時代の末期には、寺社や武家なども大きな力を発揮しました。そのような勢力がやきもの生産にかかわってきたことはまちがいないことです。

鎌倉時代の瀬戸窯製品について出土地・出土器種をみると、関東から近畿にいたる地域に蔵骨器として出土する例が多くみられるのにたいして、鎌倉遺跡群では武家屋敷や商工民の住まいなど階層を問わず、古瀬戸製品や山茶碗などが大量に出土しています。このことから、鎌倉時代の古瀬戸の受容層は鎌倉在住の都市生活者がかなりの割合を占めていたと考えられます。

このように古瀬戸製品と鎌倉が密接な関係にある背景には、尾張国が鎌倉時代初期から幕府の直領で、後に北条氏の所領となったと推定できることから、北条氏により古瀬戸生産が掌握されていた可能性が高いことも大きな要因であったといわれています。

窯をはじめるには、さきに述べたようにあらたな技術を導入し、さらには古代に瓷器（灰釉陶器）や須恵器生産をになった工人たちを再編する必要がありました。それには財力が必要であるとともに技術取得のためのネットワークも必要だったはずです。それを実現したのは寺社や武家だったと思われます。

平泉藤原氏の窯

平泉藤原氏は、平泉の地に渥美窯の技術者を招き、窯を開きました。驚くことにその時期は一二世紀はじめのことで、本場渥美窯でも草創期に位置づけられる時期です。

窯は、世界遺産「平泉」の構成資産のひとつでもある金鶏山《きんけいさん》の麓につくられたもので花立窯といいます。窯跡からは生焼けの碗、大碗、甕などが出土しています。碗は山茶碗というよりも灰釉碗に近く、大碗は中世やきものを代表する片口鉢の祖型に近いものでした。

このような技術は、渥美窯の草創期のものと一致すると考えられています。しかし、花立窯の製品は平泉の他の遺跡から出土していないことから、窯をつくり製品は焼いたのですが、実用するにいたらなかったようです。

本家の渥美窯や常滑窯では、一二世紀前半から生産がはじまり、一二世紀中葉以降には壺や甕が大量に平泉にもたらされるようになりました。当時の平泉の、このふたつの窯製品の出土数は膨大な数量でした。

渥美焼・常滑焼の最大の消費地であった平泉でしたが、平泉藤原氏は一二世紀中葉にふたたび渥美窯の工人を招き、北上川河口の石巻市水沼に窯をつくったのです。以前、私はこの水沼窯を訪れたのです

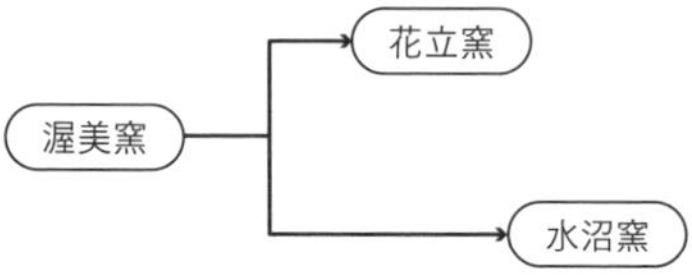

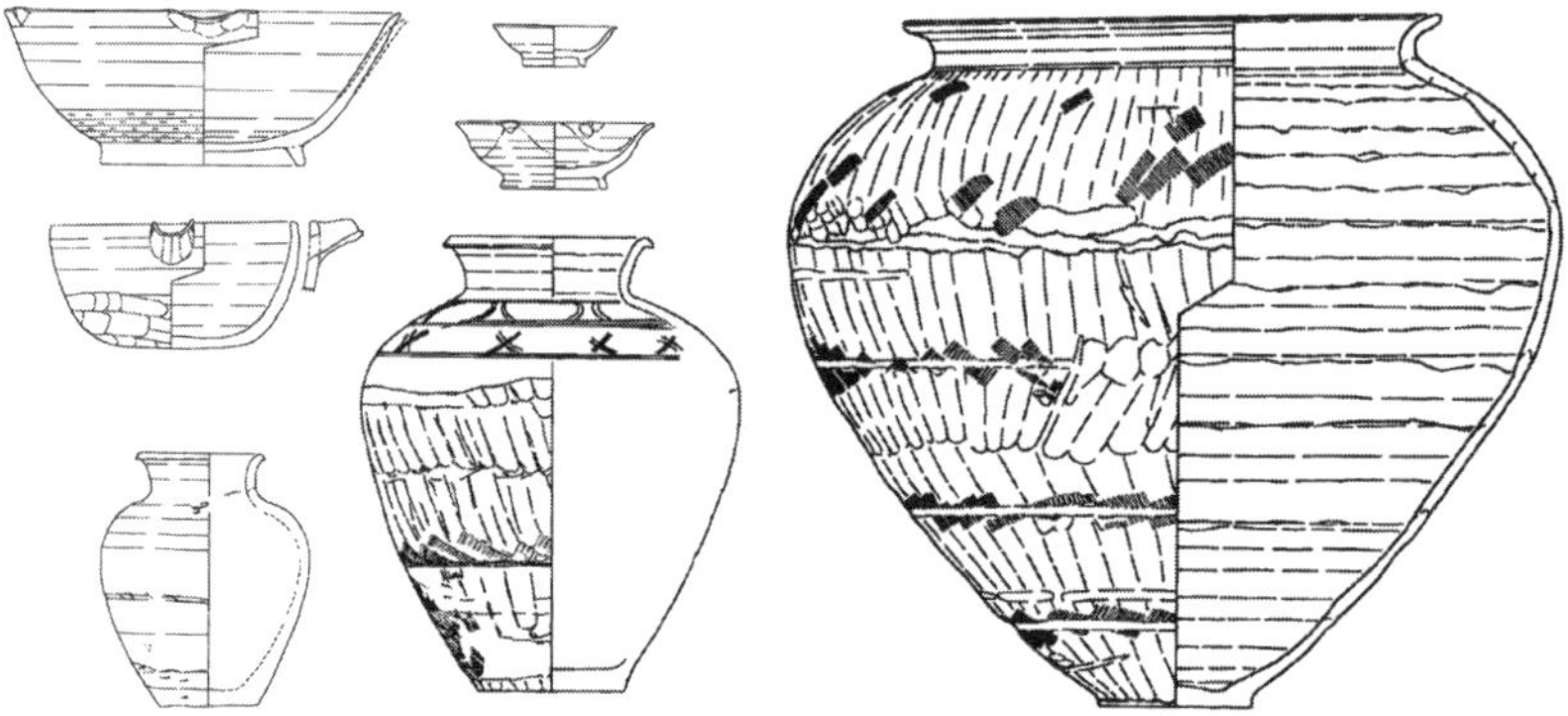

渥美窯・坪沢窯／笹尾窯（愛知県田原市）

花立窯（岩手県平泉町）

写真の奥の斜面に３基の窯が発見されました。地元では、「藤原の窯」とよばれています。

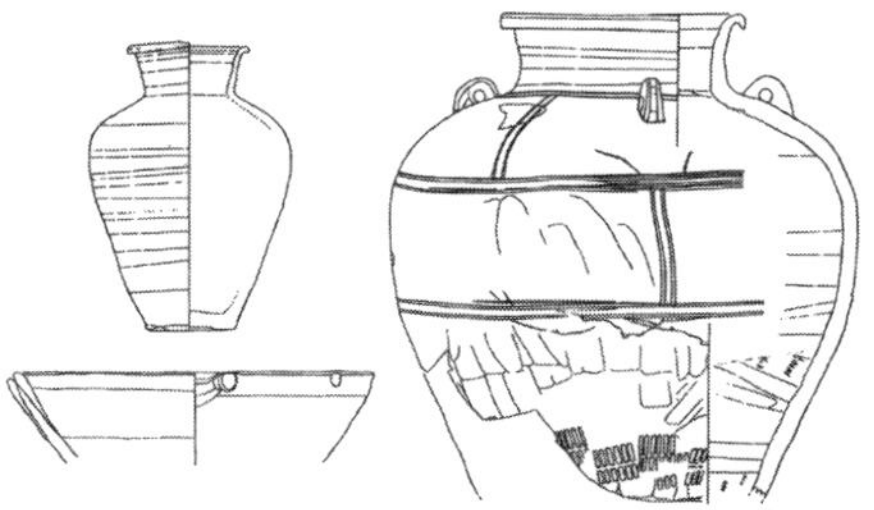

水沼窯（宮城県石巻市）

図 18　平泉藤原氏の窯

が、窯の位置がわからず、水沼の集落をうろついていると地元の方に「藤原の窯をみに来たのか」と声をかけられました。発掘調査は一九八三年におこなわれたのですがそれ以来、地元の方には「藤原の窯」と親しまれています。

水沼窯からは分炎柱をもった三基の窯跡が確認され、出土遺物には渥美窯と同様の袈裟襷文壺、小型壺、片口鉢、碗、羽釜などがありました（口絵12）。

渥美窯と大きくちがう点は、水沼窯の製品は表面が非常に黒いことです。この水沼焼は平泉遺跡群以外には、岩手県紫波《しわ》町の比爪館《ひづめだて》遺跡群、多賀城市の新田《にいだ》遺跡など平泉藤原氏とかかわりの深いところからしか発見されていないことから、消費・流通においても、平泉藤原氏が大きくかかわったものと考えられています。

越前窯にみる生産工人

押印、刻文の性格のひとつに、福井県越前町の旧平等《たいら》村の文書を分析した小野正敏さんの研究があります。

平等村の百姓たち二四名が名を連ねた文書には、名前の下に花押の代わりに用いられた略押が書かれていたのです。その略押には、戦国時代の越前焼につけられたヘラ記号（刻文）と類似したものが多くみられ、平等村

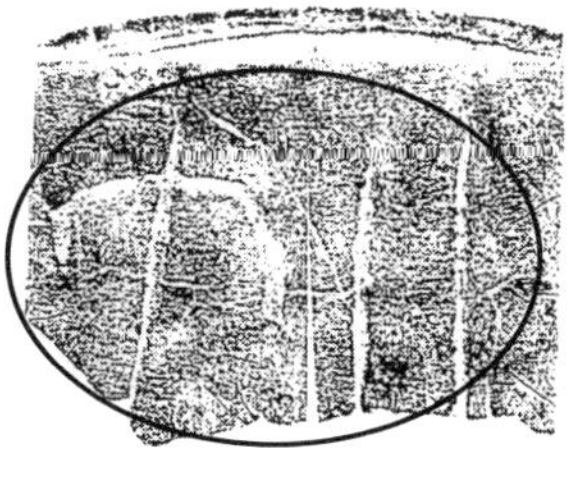

印をつけたヘラ記号は、「道音衛門」のものであることが文書の記録からわかります。このヘラ記号から、複数人でひとつの窯を使っても誰のつくったものかわかります。

図19　越前窯のヘラ記号

の百姓がこの時期に越前焼生産にかかわったことがわかるというものです（図19）。

窯の種類のところで説明したように、戦国時代の越前窯では大規模な共同操業を目指した集約と窯の大規模化が進められました。平等村でも岳ノ谷窯を含む地区に一二の窯場があり、複数の工房が共同で窯の構築や窯詰め、窯焚きをおこなったといわれています。

大型窯に、いくつもの工房が製品をもちより、共同窯で焼成したのです。その際、それぞれの工房の識別のため押印（スタンプ）やヘラ記号（刻文）が必要となるわけです。先の文書のなかに「前兵衛」「道音衛門」という名と略押がみられるのですが、その略押と同じものが岳ノ谷窯から確認されています。

このように越前窯にみられる押印や刻文は、大規模な窯を共同で使用した戦国時代ならではのものといえます。

第3章

列島に広がるやきもの

1　列島に広がるやきもの

東海地方の常滑焼・渥美焼、瀬戸内海の東播焼、北陸地方の珠洲焼などのすり鉢や甕・壺は、中世の人びとの日常生活用具として、また武家や公家など支配層の儀礼や饗宴のための用具として、列島各地の都市や寺社・城館などに運ばれてゆきました。

中世という時代は、前章でみたように生産が拡大し、製品が列島規模で流通していくようになった時代といえるでしょう。本章では、その中世の流通の変革とやきものの生産・消費の関係をみていきましょう。

海運システムの飛躍

やきものが遠方にさかんに運ばれるようになった背景には、海運システムの飛躍があげられます。日本列島のまわりの潮流には大きく分けて、南の琉球列島をへて本州の太平洋側を北東に流れる黒潮と、奄美諸島の北で分かれて日本海側を北上する対馬海流、そして北海道北東から南下する親潮の海流があります。それともうひとつ、畿内と九州の間には瀬戸内海があります。このような潮流を利用した海運システムのもとに流通圏が形成されました（図1）。

とくに中世の海運システムが発達した背景には、港を中心に活躍した「問丸《といまる》」の存在が大きく関係しています。問丸とは港や重要都市で商品の運送、管理、さらには販売を兼ねた業者で、港の発展を支えました。

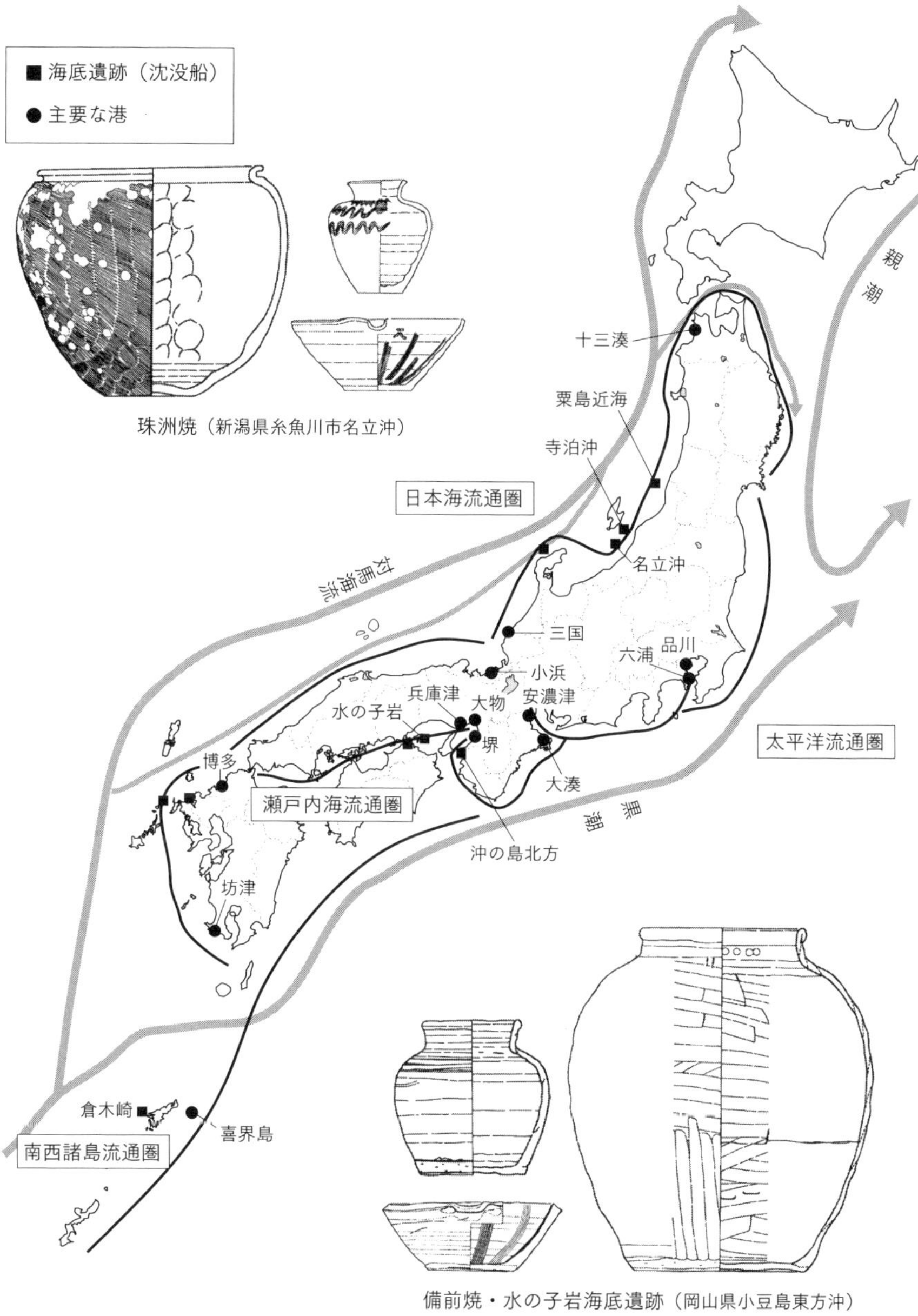

図１　中世の海上の道と海底遺跡

現在の三重県伊勢市にあった大湊《おおみなと》、同じく三重県の津市にあった安濃津《あのうつ》は東日本への流通拠点として発展し、ここから渥美焼、常滑焼、瀬戸焼などが奥州平泉や鎌倉などの東日本各地に運ばれてゆきました。

日本海側では、福井県の小浜、敦賀を拠点として若狭以北の流通圏が形成され、珠洲焼や越前焼が東北地方の日本海沿岸や北海道南部のみならず、津軽海峡を通って太平洋側の平泉などに運ばれました。

また、瀬戸内海沿岸の東播窯、備前窯などの窯には港が併設されており、そこで積み込まれたやきものは瀬戸内海の流通拠点であった兵庫津《ひょうごのつ》（現在の神戸）などに運ばれていったことが知られています。

列島各地の中世の遺跡からは、こうして運ばれた常滑焼、珠洲焼、東播焼などが出土しており、当時のやきものの流通の範囲を確認する目安となります。

列島規模で普及するすり鉢

まず中世の代表的調理具すり鉢の分布をみてみましょう。第1章で、すり鉢にはすり目のあるものとすり目のないもの（片口鉢）があると述べましたが、中世前期の分布は、このすり目があるかないかで列島を大きく二つに分けることができます（図2）。

すり目のあるすり鉢は、珠洲窯とその影響を受けた窯が東北地方の日本海側一帯で生産をはじめたことから、北陸地方から東北地方一帯に普及していました。東北地方の太平洋側では、常滑窯の影響を受けた瓷器系窯製の片口鉢、すり鉢が普及していました（第2章3「錯綜する東北地方のやきものの窯」参照）。

いっぽう、すり目のない片口鉢は、常滑窯などの瓷器系窯で生産されたものが、関東地方から東海地

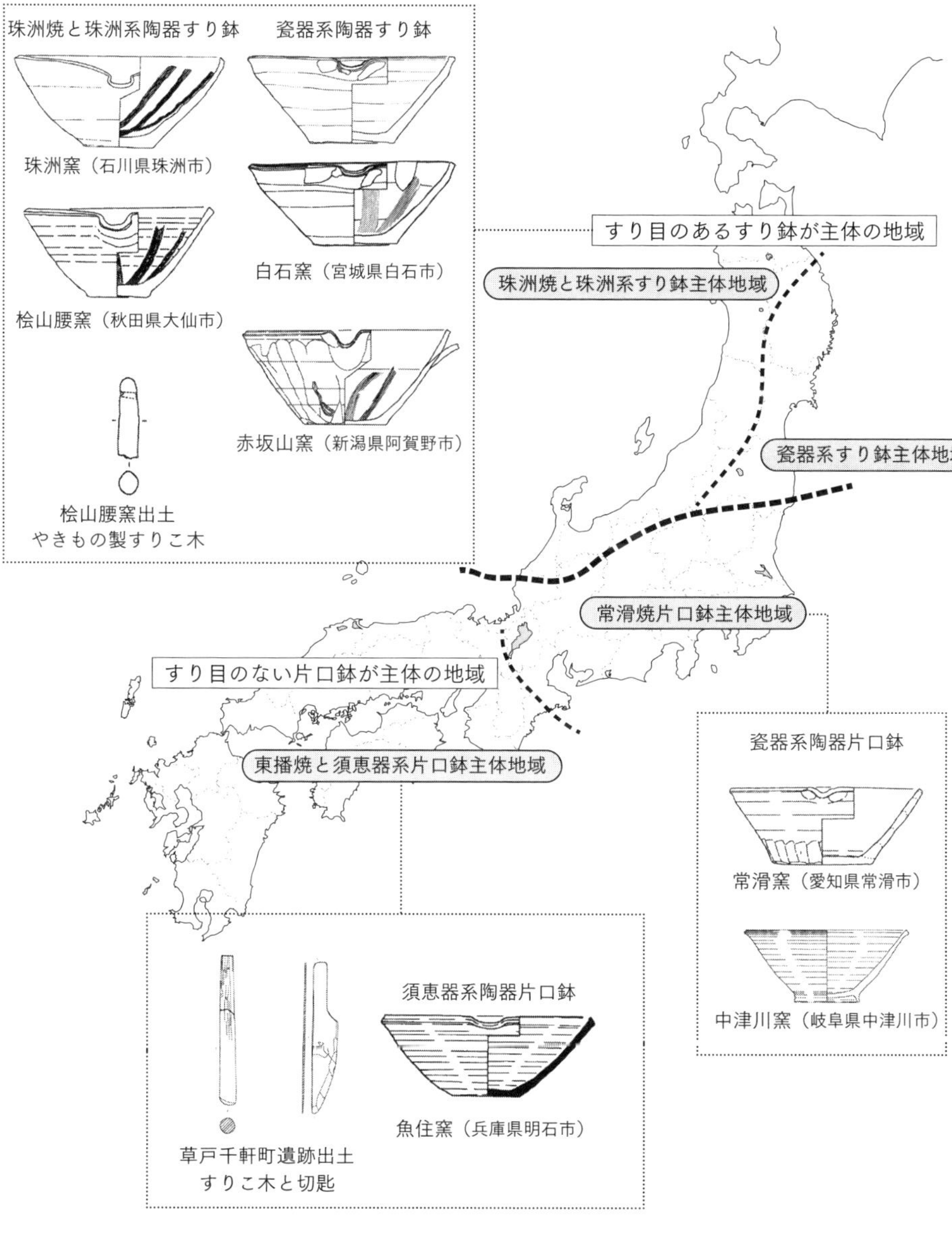

珠洲焼と珠洲系陶器すり鉢
瓷器系陶器すり鉢
珠洲窯（石川県珠洲市）
白石窯（宮城県白石市）
桧山腰窯（秋田県大仙市）
赤坂山窯（新潟県阿賀野市）
桧山腰窯出土
やきもの製すりこ木
すり目のあるすり鉢が主体の地域
珠洲焼と珠洲系すり鉢主体地域
瓷器系すり鉢主体地域
常滑焼片口鉢主体地域
すり目のない片口鉢が主体の地域
東播焼と須恵器系片口鉢主体地域
瓷器系陶器片口鉢
常滑窯（愛知県常滑市）
中津川窯（岐阜県中津川市）
須恵器系陶器片口鉢
魚住窯（兵庫県明石市）
草戸千軒町遺跡出土
すりこ木と切匙

図２　中世前期のすり鉢の分布

方、さらには西日本にまで普及していました。東播窯や西日本各地の須恵器系陶器窯で生産されたものは京都以西の西日本一帯に普及していました。

しかし、中世後期、鎌倉時代終わりごろから南北朝時代になると大きく変化します（図3）。中世後期の調理具は、西日本の備前焼、東海地方から関東地方の常滑焼、北海道南から山陰地方の珠洲焼と、列島を三分割するように広域流通品が普及します。

その広域流通品のなかでも、珠洲焼はしだいに越前焼にとって代わられてゆきます。また、東日本に圧倒的なシェアをほこった常滑焼の片口鉢は、室町時代の終わりには、瀬戸・美濃地方であらたに生産のはじまった鉄釉をほどこしたすり鉢にその座をゆずるのです。西日本では、鎌倉時代の終わりごろから東播焼から備前焼のすり鉢に交代します。

中世後期のすり鉢生産でもうひとつ特徴的なことが、広域流通品をまねた瓦質すり鉢が各地に出現することです。この瓦質すり鉢生産は、つぎに述べる鍋や釜などとともに、瓦工人が生産にかかわった可能性もあります。また、中世前期に須恵器系陶器を生産した兵庫県の東播焼窯や岡山県の亀山窯が、しだいに廉価な瓦質すり鉢などの生産に移行したようなケースもあります。そのなかには、すりこ木で擂るとすり鉢自体がすり減って、食べもののなかに混ざってしまうと思われるほど焼きの悪いものもあります。

鉄鍋から土鍋へ？

さて、すり目のあるすり鉢が列島全域に普及する中世後期、土製の煮炊具も列島規模で普及します。それには食文化になにか大きな変化があったのでしょうか。

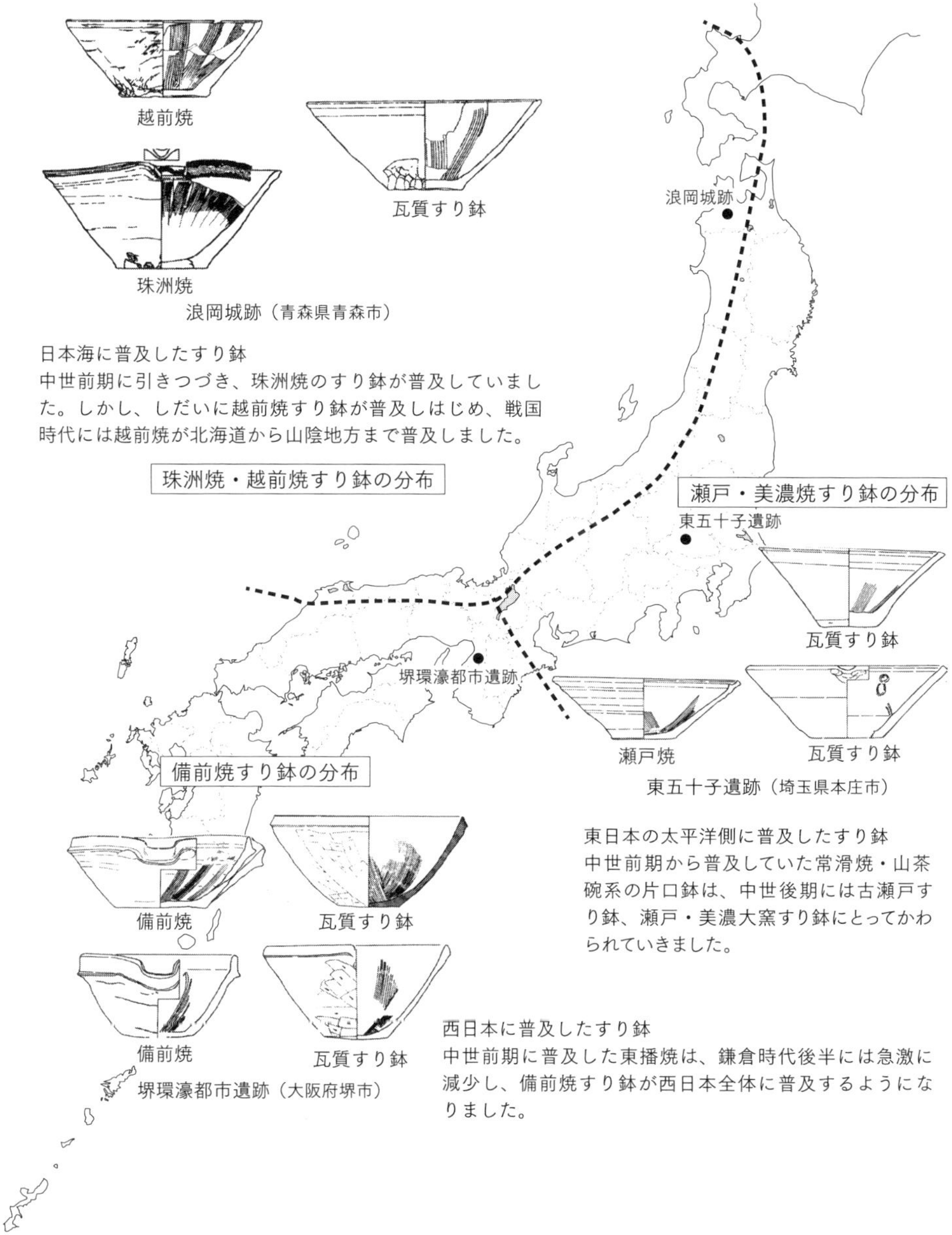
越前焼
瓦質すり鉢
珠洲焼
浪岡城跡（青森県青森市）
浪岡城跡
日本海に普及したすり鉢
中世前期に引きつづき、珠洲焼のすり鉢が普及していました。しかし、しだいに越前焼すり鉢が普及しはじめ、戦国時代には越前焼が北海道から山陰地方まで普及しました。
珠洲焼・越前焼すり鉢の分布
瀬戸・美濃焼すり鉢の分布
東五十子遺跡
瓦質すり鉢
堺環濠都市遺跡
瀬戸焼
瓦質すり鉢
東五十子遺跡（埼玉県本庄市）
備前焼すり鉢の分布
東日本の太平洋側に普及したすり鉢
中世前期から普及していた常滑焼・山茶碗系の片口鉢は、中世後期には古瀬戸すり鉢、瀬戸・美濃大窯すり鉢にとってかわられていきました。
備前焼
瓦質すり鉢
備前焼
瓦質すり鉢
堺環濠都市遺跡（大阪府堺市）
西日本に普及したすり鉢
中世前期に普及した東播焼は、鎌倉時代後半には急激に減少し、備前焼すり鉢が西日本全体に普及するようになりました。

図３　中世後期のすり鉢の分布

中世前期、煮炊具は西日本と東日本ではっきりちがいがあらわれています(図4)。西日本では、奈良、大阪を中心とする畿内では土釜が普及し、それ以外の地域では土鍋が普及していたことがわかります。いっぽう、東日本では鎌倉遺跡群など一部の遺跡から西日本で生産された土鍋、土釜の出土を確認することはできるのですが、それ以外の地域で土鍋、土釜を確認することはきわめてまれなことです。第1章3でみたように、地域、階層をとわず、鉄鍋が列島全域に普及していたことはまちがいないことです。ですから、土鍋や土釜が出土しないところでは基本的に鉄鍋を使っていたと考えられます。

それが中世後期になると、土鍋が列島各地に普及してゆくのです(図5)。東海地方から関東地方、中部山岳の長野県、山梨県、東北地方の福島県、山形県などからも確認できるようになります。

それではなぜ、鉄鍋を使用していたのに土鍋や土釜が普及したのでしょうか。なぜ、中世後期になると、その範囲が西日本のみならず、東日本まで広がるのでしょうか。

ひとつの解釈は、鉄鍋の材料である鉄材の不足説です。たとえば、戦国時代には武器、武具の増産のために、鍋などの鉄材が不足したとする考えです。

しかし、大阪の河内地域に、河内鋳物師《いもじ》とよばれる鋳造技術の集団がいたのですが、その鉄製品を生産していた河内でも土鍋や土釜がたくさん使われていました。この河内の状況を考えると、鉄材の不足が土鍋を生んだとはいえないようです。

煮炊きの仕方に注意してみましょう。東日本では、内耳鍋と自在鉤が出土していることから、囲炉裏に鉄鍋を架けて煮炊きしたと考えられます。西日本では絵画資料および耳の付いていない鉄鍋や五徳などが出土することから、竈ないしは囲炉裏に鍋を置いて使用したと第1章で説明しました。

土鍋、土釜は、どうでしょうか。少なくとも西日本のように五徳を使えば、鉄鍋と同じような使い方

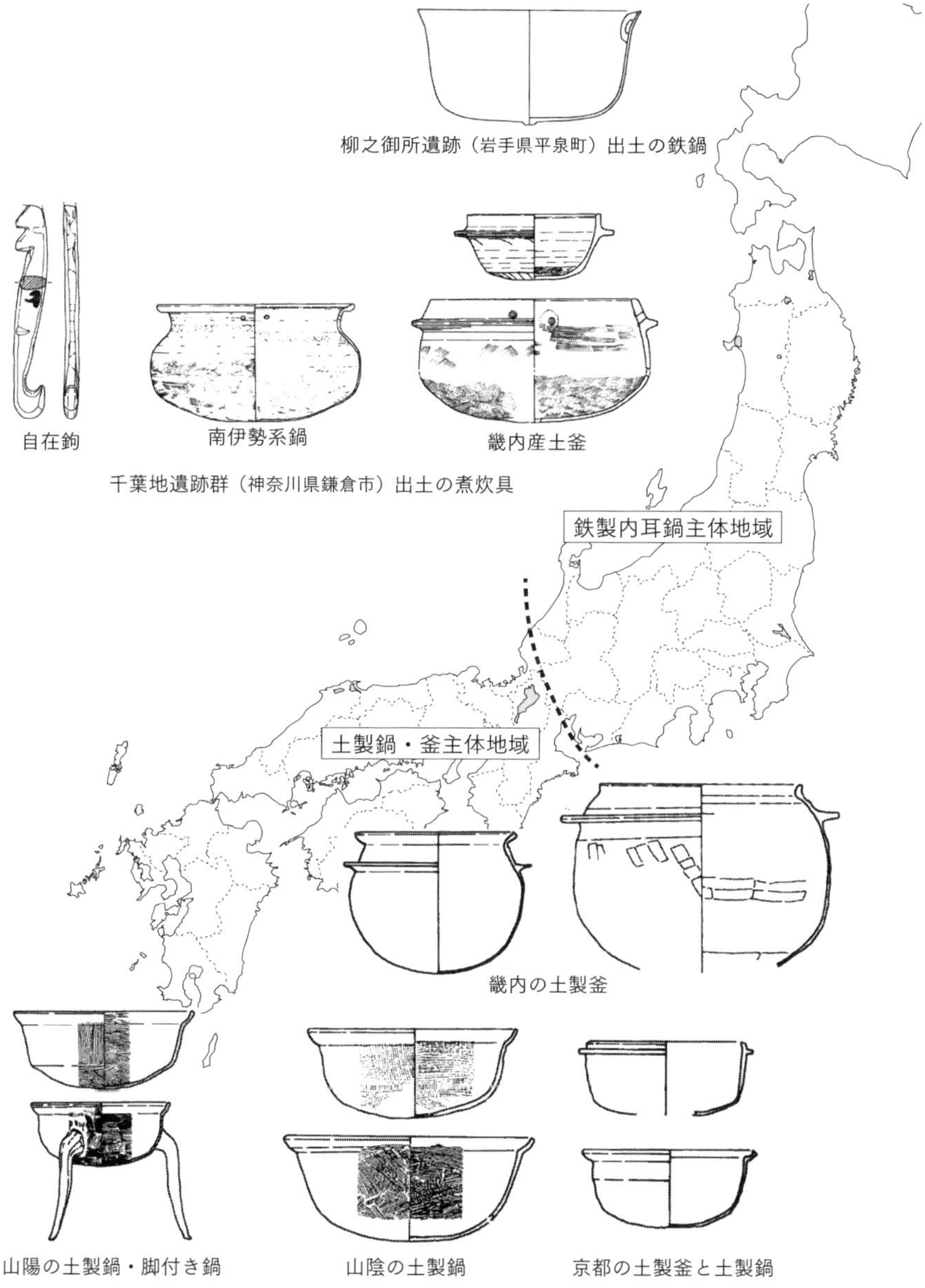

図４　中世前期の煮炊具の分布

ができたはずです。いっぽう、中世後期に出現した東日本の内耳土鍋は、これも鉄鍋とおなじように自在鉤を使い囲炉裏につり下げて使用したのでしょうか。内耳部分につるした痕跡があるという報告もあるのですが、自在鉤でつるして使用することは無理な気がします。やはり西日本同様に囲炉裏に五徳を置き使ったのでしょう。

この煮炊きのちがいは、食文化のちがいではないかとする考えもあります。鋤柄俊夫さんは、中世前期においては、西日本で鉄釜や土釜・土鍋が多くみられ、その機能・用途として湯沸かしを利用した調理法が普及し、東日本ではそれがなかったのではと考えたのです。鉄鍋は汁物を中心とする料理であるのにたいして、鉄釜や土釜・土鍋は湯沸かしとそこから派生する「茹でる」「蒸す」料理に適しているからです。そのような食文化が中世後期には、東日本にも広がっていったのではないかとするものです。もうひとつ、土鍋や土釜は、鉄鍋より一見、廉価と思われることから、短期の使用を前提とした消費財として鉄鍋同様な使われ方をされたのではないかとする考えです。ただ、いずれも確証はありません。

その土製煮炊具も戦国時代後半には列島全域で姿を消し、「炒る」機能にほぼ特化した土製鍋を浅くしたかたちの焙烙《ほうろく》など特定の器種に限定されてゆきます。

貯蔵具にみる地域差

壺や甕などの貯蔵具の分布はどうだったでしょうか。中世前期は、図6のように東播焼・珠洲焼・常滑焼製品が列島を三分する広域流通圏を形成していました。

これはさきにみた、すり鉢・片口鉢の三大広域流通圏とほぼ重複するのですが、まったく一致するものではありませんでした。とくに常滑焼の壺は、西日本の各地にまで普及していました。なぜ、西日本

東日本の煮炊具
あらたに関東地方、甲信地方を中心に鉄製内耳鍋を模倣した土製内耳鍋が確認されるようになります。旧国単位か数郡単位の流通範囲の製品でした。東北地方でも福島県、山形県米沢市周辺を中心に土製鍋の分布がみられます。この流通範囲は戦国時代の伊達氏の領国域と一致するとの考えもあります。

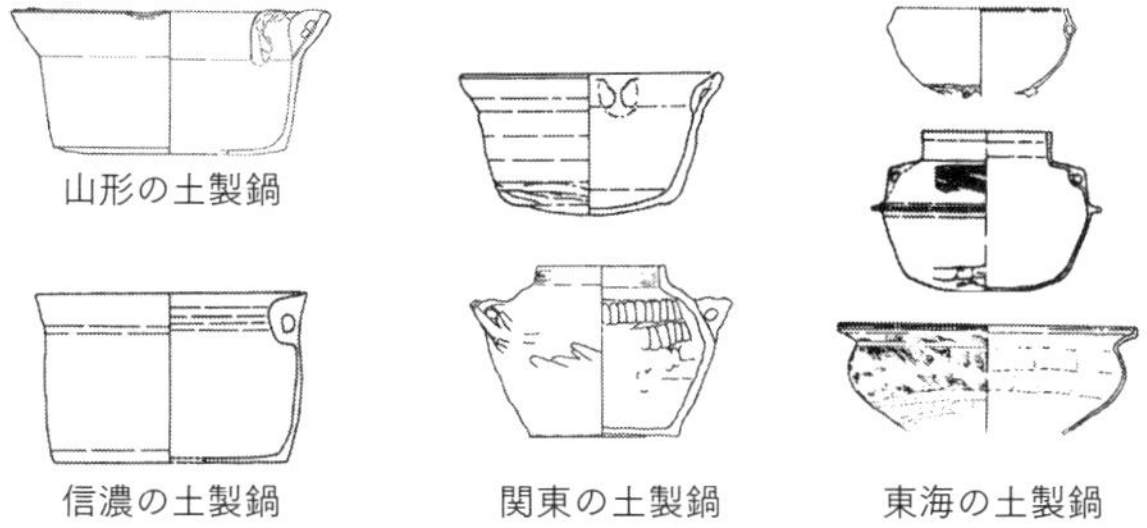

西日本の煮炊具
中世後期の西日本では、前期に引きつづき土師質製の煮炊具が普及していました。畿内の鍔付煮炊具や瀬戸内西部の足付き鍋のように特徴のあるものも引きつづき普及していました。九州では前期に使用されていた石鍋は姿を消し、土製鍋が普及するようになるのですが、その量はあまり多くありません。

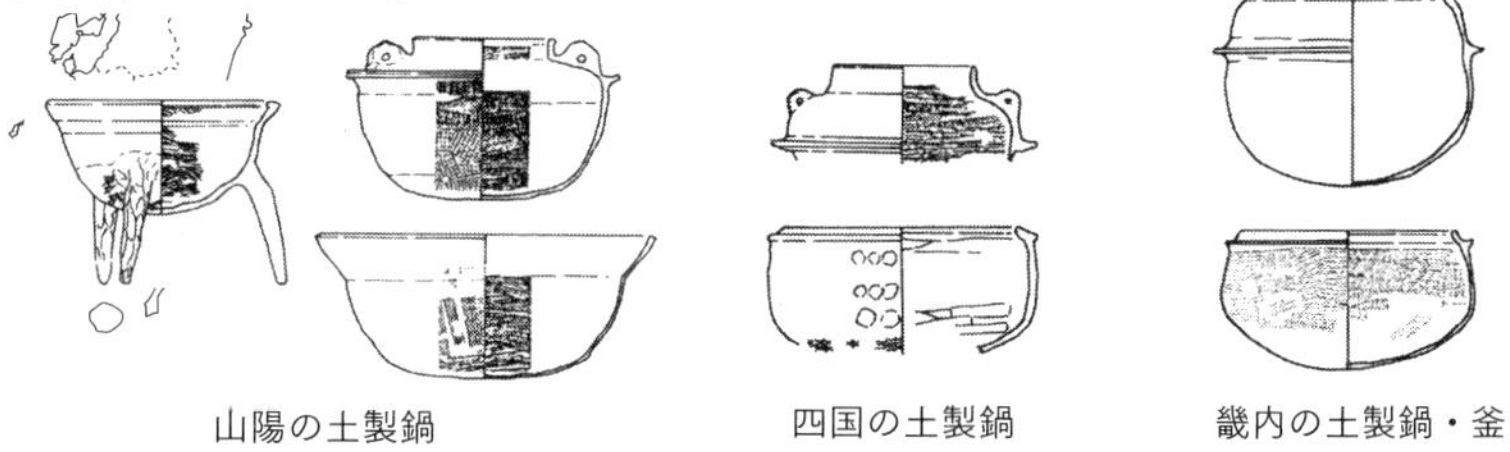

中世後期の煮炊具
中世前期同様に若狭湾から伊勢湾を結ぶラインの東が内耳鍋、西が釜と耳を付けない鍋を使っています。東日本の土製煮炊具が瓦質のものが多いのにたいして、東海地方から西の地域では体部にナデ調整を施した土師質のものが主体です。それと中世後期にはあらたに茶釜形が加わります。この土製品は鉄製茶釜を模倣したものですが、茶道具として使用したとは断定できません。

図5　中世後期の土製煮炊具の分布

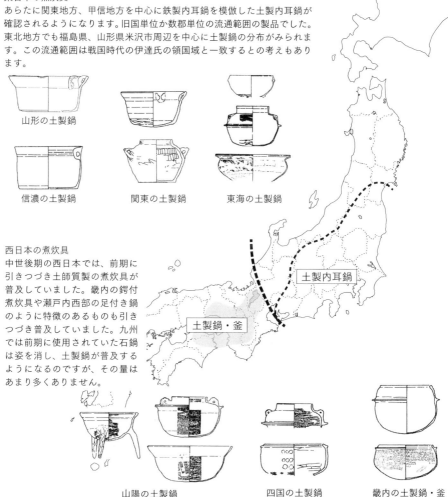

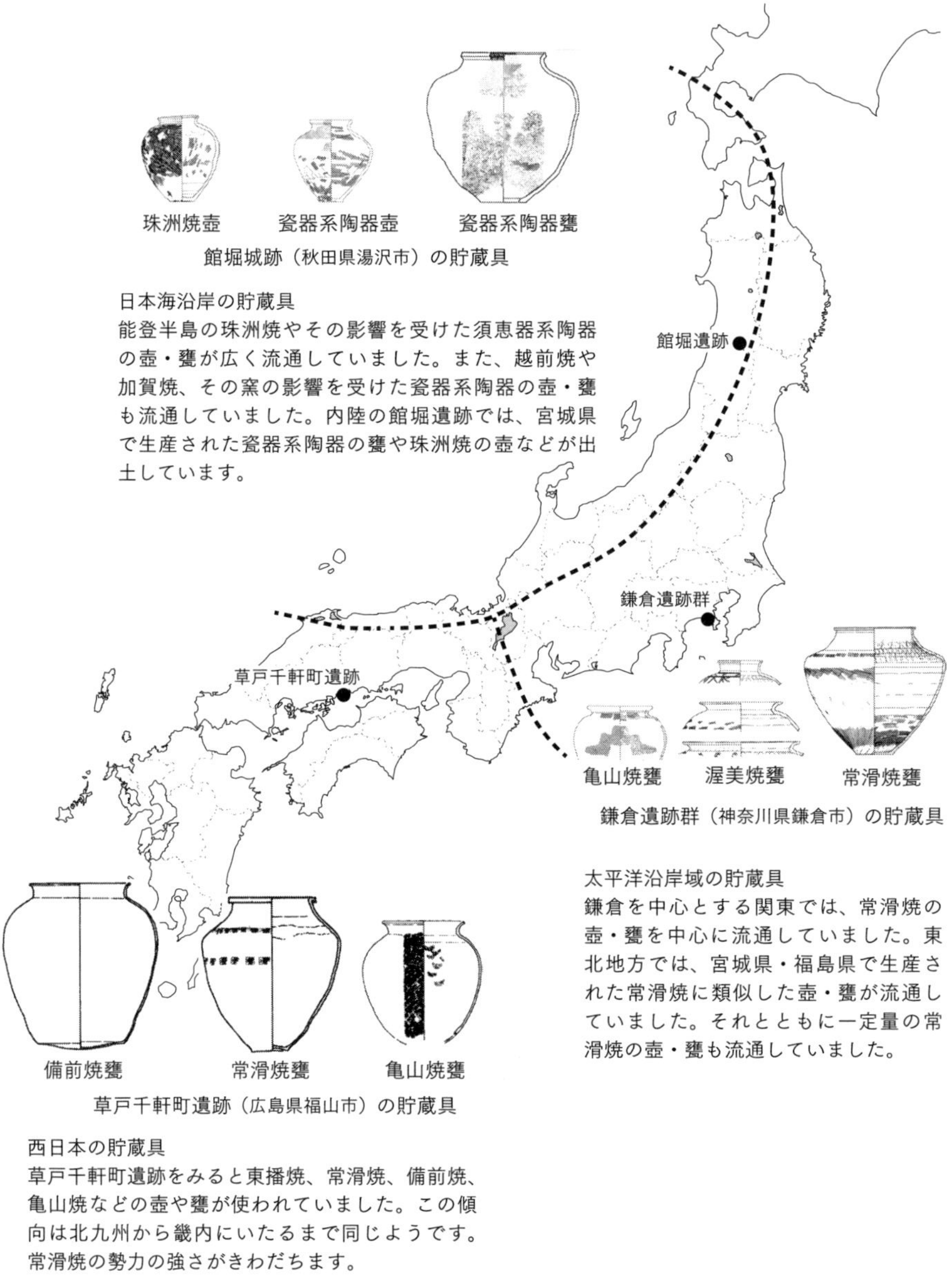
珠洲焼壺
瓷器系陶器壺
瓷器系陶器甕
館堀城跡（秋田県湯沢市）の貯蔵具
日本海沿岸の貯蔵具
能登半島の珠洲焼やその影響を受けた須恵器系陶器の壺・甕が広く流通していました。また、越前焼や加賀焼、その窯の影響を受けた瓷器系陶器の壺・甕も流通していました。内陸の館堀遺跡では、宮城県で生産された瓷器系陶器の甕や珠洲焼の壺などが出土しています。
館堀遺跡
鎌倉遺跡群
草戸千軒町遺跡
亀山焼甕
渥美焼甕
常滑焼甕
鎌倉遺跡群（神奈川県鎌倉市）の貯蔵具
太平洋沿岸域の貯蔵具
鎌倉を中心とする関東では、常滑焼の壺・甕を中心に流通していました。東北地方では、宮城県・福島県で生産された常滑焼に類似した壺・甕が流通していました。それとともに一定量の常滑焼の壺・甕も流通していました。
備前焼甕
常滑焼甕
亀山焼甕
草戸千軒町遺跡（広島県福山市）の貯蔵具
西日本の貯蔵具
草戸千軒町遺跡をみると東播焼、常滑焼、備前焼、亀山焼などの壺や甕が使われていました。この傾向は北九州から畿内にいたるまで同じようです。常滑焼の勢力の強さがきわだちます。

図６　中世前期の貯蔵具

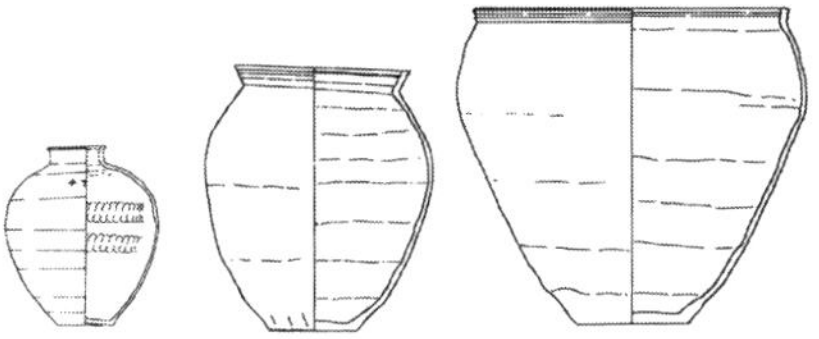

越前焼壺　越前焼甕　越前焼甕
一乗谷朝倉氏遺跡（福井県福井市）

日本海沿岸の貯蔵具
各地に点在した瓷器系、須恵器系の中小の生産地は消滅してゆき、能登の珠洲焼と越前焼のみが引きつづき生産をおこなっていました。室町時代になると珠洲焼の生産もしだいに減少してゆき、とってかわるのが越前焼の甕や壺です。戦国時代には越前焼は日本海沿岸の北海道南部から島根県まで広範囲に普及していました。

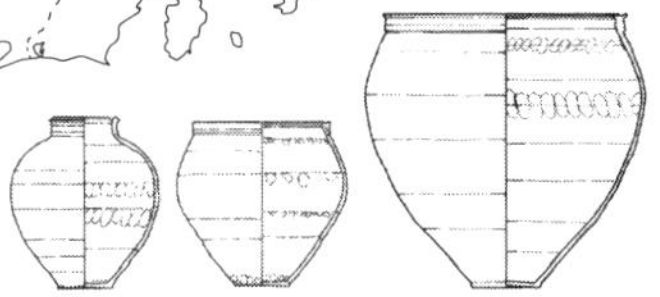

常滑焼壺　常滑焼甕　常滑焼甕
八王子城跡（東京都八王子市）

太平洋岸の貯蔵具
関東地方では前期以来、常滑焼の壺・甕が普及していました。東北地方の太平洋側は、在地窯の生産もなくなり、常滑焼の壺・甕のみの流通となるのですが、その量はとても少ないです。東北地方では貯蔵具に何か変化があったのでしょうか。

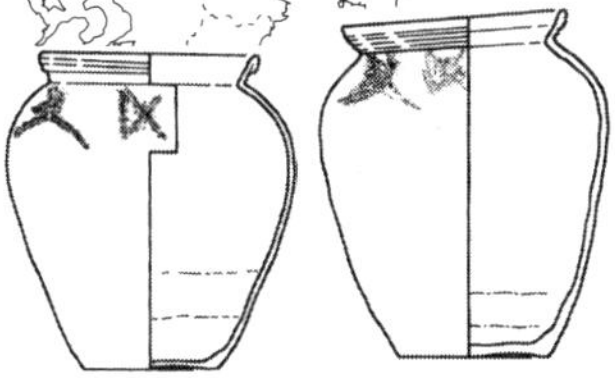

備前焼大甕
根来寺坊院跡（和歌山県岩出市）

西日本の貯蔵具
室町時代以降、備前焼の壺・甕の普及が増大してゆきます。戦国時代になると各地の城館、堺や博多などの都市遺跡、根来寺のような宗教都市などに大形の備前焼の甕が供給されるようになります。備前焼の甕は藍染、油生産などの手工業生産の道具として多用されたようです。

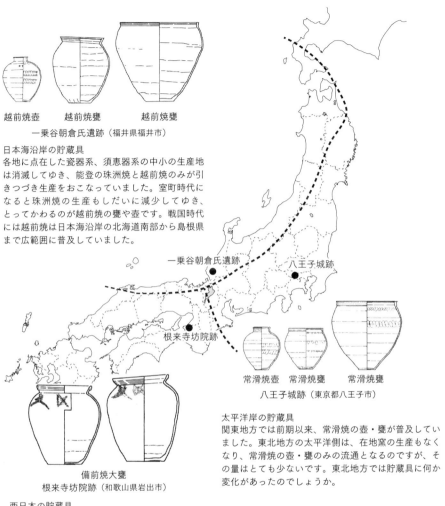

図７　中世後期の貯蔵具

の人びとは須恵器系陶器の東播焼などではなく、常滑焼の甕を積極的に受け入れたのでしょうか。

常滑焼の甕類は耐久性、保水性などがすぐれていたのでしょうか。たとえば、京都では常滑焼が東播焼の貯蔵具より多く確認されています。さらに西の草戸千軒町遺跡では、備前焼や岡山県の亀山焼の製品とともに常滑焼が出土しているのですが、鎌倉時代中葉から後半では常滑焼の量が優るようです。

さらに、こうした広域流通品のみでは、それぞれの地域の需要を十分にまかなうことはできなかったようで、それぞれの地域に、常滑窯、珠洲窯、東播窯の技術を導入した生産地が出現し、広域流通品の補完品、互換品を生産していました。その結果、東北地方の中世遺跡では、在地の白石窯などの甕や壺が、常滑焼より優位を占めた地域が広がっていました。

なお、瀬戸窯では、施釉陶器の古瀬戸灰釉瓶子・四耳壺などの容器を生産していましたが、それらは中国陶磁器の白磁梅瓶や四耳壺を模倣したものとされ、常滑焼の甕などとはその性格は大きく異なるものでした。多くは儀礼の場のものであったり埋葬のための骨壺であったりして、格の高い人びとのためのものであったと考えられます。東日本のみならず京都をはじめとして西日本各地にも流通する特別なやきものでした。

さて、中世後期になると（図7）、西日本に分布していた東播焼が急激にすたれていきます。そのなかで備前窯が、常滑焼同様の褐色の色調のやきもの生産に象徴されるように新たな焼成技術の確立をおこない、西日本全体を占有する流通圏窯となりました。

北陸地方・東北地方の日本海側では、独自の生産体制を確立した越前窯がしだいに珠洲窯にとって代わります。

一大窯業地であった東海地方では、中小の生産地はすたれ、常滑窯に集約されてゆきます。その製品は中世前期同様に列島各地に流通したのですが、その主体は東海地方と関東地方を中心とする地域でした。

2　津々浦々のやきもの

列島の北と南のターミナル

古代の日本の端は、北は津軽の「外《そと》が浜《はま》」、南は薩摩の「鬼界ヶ島《きかいがしま》」といわれていました。「外が浜」は現在の陸奥湾に面した場所で、「鬼界ヶ島」は鹿児島県奄美諸島の喜界島《きかいじま》ともいわれています（図8）。『吾妻鏡』の文治五年（一一八九）九月一七日条の記事「寺塔已下注文」のなかに、平泉の毛越寺《もうつうじ》の本尊を造立した仏師運慶へのお礼として「金、鷲羽、アザラシの皮、馬」などを贈ったと記されています。平泉藤原氏は鷲羽やアザラシの皮を北海道に求めていました。

当時の北海道との交易では、松前半島の日本海側にある上ノ国《かみのくに》町の勝山館《かつやまだて》や函館市の志苔館などの遺跡に代表されるように、日本海沿岸を中心に行き来する海運システムのイメージがありました。しかし、道央の太平洋側に面した厚真《あつま》町にある宇隆《うりゅう》I遺跡から一二世紀中葉の常滑壺が出土したことで様子が変わってきました。一二世紀の平泉は常滑窯製品が列島のなかでもっとも多く出土する都市です。平泉藤原氏が鷲羽やアザラシの皮を交換する過程で、常滑焼の壺が厚真町に入ったと考えられます。

この常滑壺の発見から、平安末期の北海道から本州への物資のターミナルは、道央の厚真町周辺の可能性も考えられるようになったのです。

そして、本州側の拠点は陸奥湾に面した「外が浜」です。

南に目をむけてみましょう。鹿児島県奄美諸島の喜界島に城久《グスク》遺跡群があります。平安時代から室町時代にいたる時期の遺跡で、その性格については大宰府の出先機関的な性格の時期も想定されています。

この遺跡群からは、古代から中世にかけての中国陶磁器、徳之島のカムィヤキ、長崎の石鍋などさまざまなやきものが出土しており、列島の南のターミナルとして重要な役割を果たしていたと考えられています。

その交易品の重要な品物のひとつに夜光貝があります。夜光貝は工芸の螺鈿《らでん》の材料です。奥州平泉の金色堂をきらびやかに飾る螺鈿の材料である夜光貝も喜界島から来たものでしょう。鎌倉遺跡群の発掘調査でも出土が確認されています。

流通の拠点の象徴としての遺跡

青森県青森市の東隣り、陸奥湾に面した平内町《ひらない》に「白狐塚遺跡《びゃっこづか》」があります。周囲よりも二メートルほど高くなった直径一三メートルの塚で、二〇一七年に発掘調査がおこなわれ、仏教の経典を土中に埋納した経塚であることがわかりました。

経塚からは、百点を超える陶器片が出土しました（図9）。色調などからその大半は、平泉藤原氏が宮城県石巻市の旧北上川河口付近に開いた水沼窯の製品に類似したものでした。しかし、出土品の一部には焼成段階にひび割れた破片もあり、製品としてもたらされたとはとても考えられないものが含まれていました。ひょっとしたら付近に水沼窯に類似した窯がつくられていたのかもしれません。

陸奥湾一帯は「外が浜」とよばれ、平泉藤原氏の支配領域の北の端でもありました。そのことから平

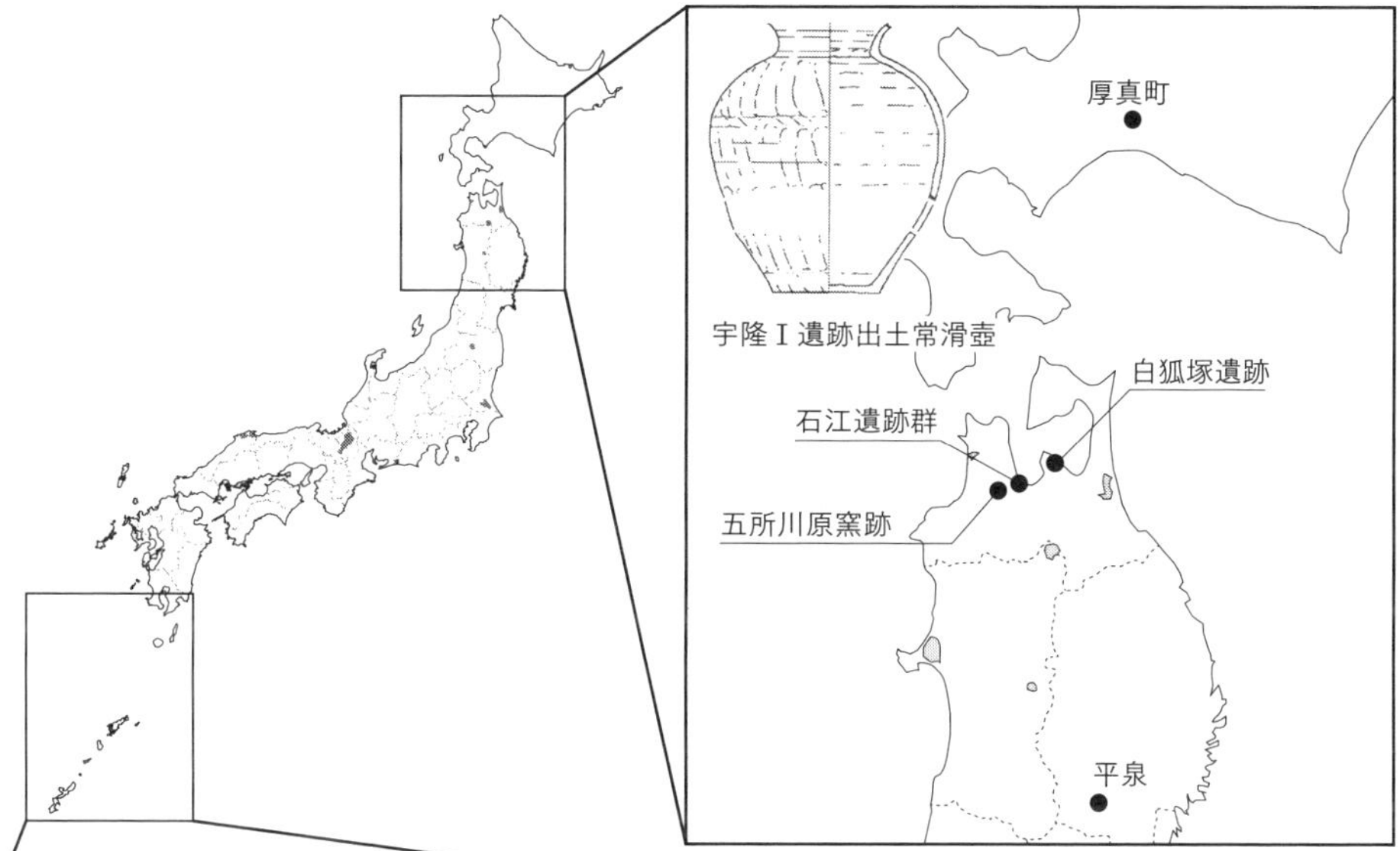

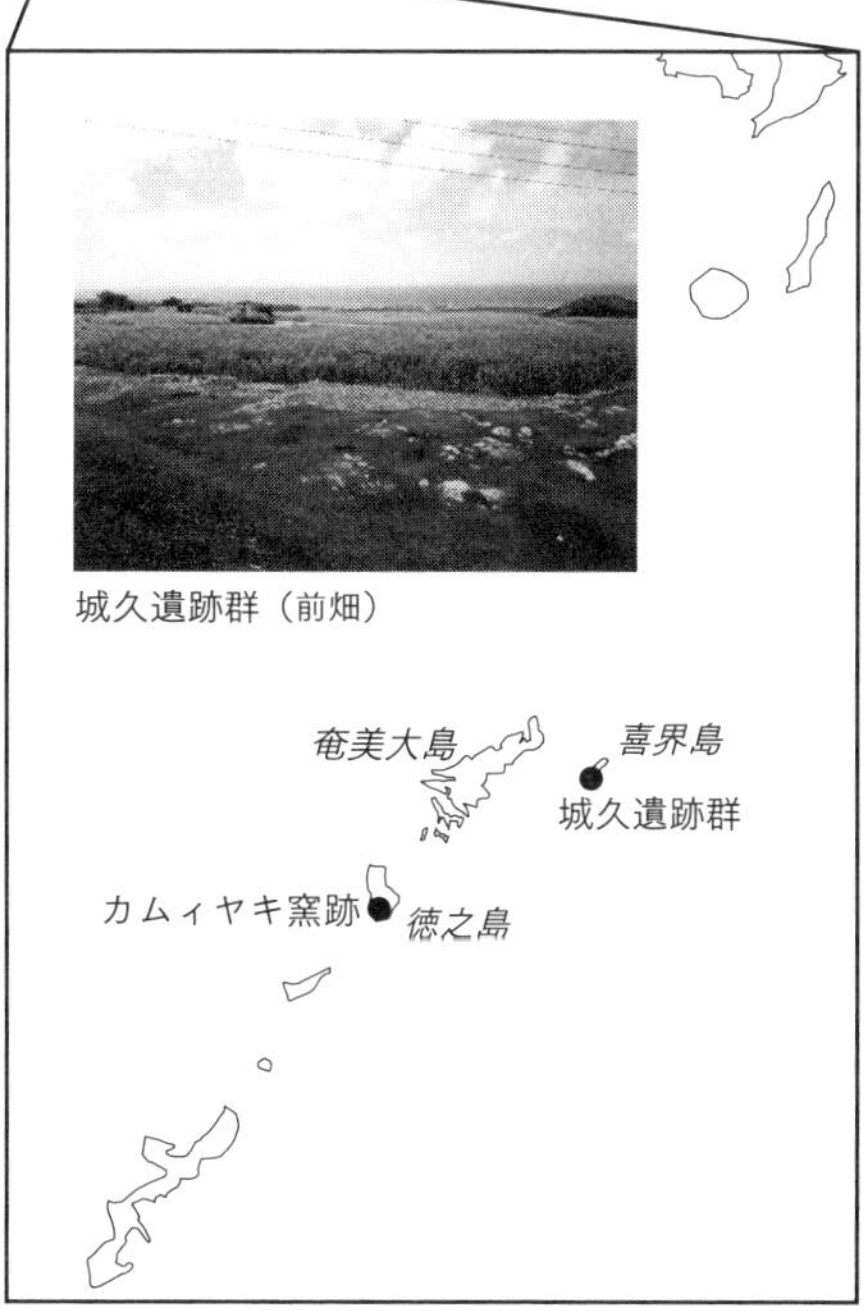

古代日本国の北の境界は「外が浜」、南の境界は「鬼ヶ界島」といわれています。それは、古代、中世の日本国の周縁地として議論されることが多いです。このふたつの地域には、平安時代に操業した五所川原窯跡と平安時代末から鎌倉時代に操業したカムィヤキ窯跡があることも周縁地の共通性が強調される一要因となっています。

五所川原窯製品は、甕や壺を中心に北海道を含めてその供給範囲が広がっています。いっぽうのカムィヤキ窯製品は城久遺跡群を中心としながらも、琉球列島全域に広がっていました。

ふたつの窯は、時期を違えながらも周縁の境界領域に成立したことが強調されています。そこで生産されたやきものは、それぞれの地域の「威信財」としての役割があったといわれています。

図８　列島の北と南のターミナル

泉藤原氏が白狐塚遺跡の経塚造営にかかわった可能性が十分考えられます。そして、そこで使用されたやきものは、平泉藤原氏により水沼窯の技術が導入され、この地で生産された可能性が出てきたのです。

なぜ、この地に経塚がつくられたのでしょうか。白狐塚遺跡は陸奥湾平内町の港を望む位置にあり、あきらかに港ないしは海を意識してつくられたものと推測できるのです。蝦夷地との交易の拠点は、陸奥湾の西側、現在の青森市や外が浜町などが想定されていますが、白狐塚遺跡の発見は平内町も蝦夷地交易の拠点のひとつとして存在したことを証拠づけるものではないでしょうか。

それと白狐塚遺跡出土のやきものが付近で生産されたことが確定すれば、中世最北の瓷器系陶器生産地となります。

南のやきものカムィヤキ

一般的に遺跡の名前には字名をつけることが多いように、カムィヤキの名称は地元徳之島の亀焼地区で発見されたことによるものです。地名の亀焼の亀は甕を意味し「カムィ」と発音し、亀焼を「カムィヤキ」とよんだのです。こ

白狐塚遺跡（青森県平内町）

出土陶器
出土したやきものは、宮城県の水沼窯の製品に類似するものです。水沼焼ほど黒くなく、焼損じの破片も含まれていることから、付近に窯があった可能性があります。

図９　流通の拠点の象徴としての遺跡

の亀焼地区は、古くからやきものが出土したことから、亀焼という地名となったのでしょう。

沖縄県や鹿児島県の研究者のあいだでは、カムィヤキのことを「類須恵器《るいすえき》」ともよんでいます。還元炎焼成した非常に硬いやきものです。器種は小型・中型の壺、鉢、白磁写しの玉縁碗、水注などがあります（口絵8）。壺の外面にヘラで波状や樹枝のような装飾叩きをほどこし、内面には格子目文の当て具痕を残すものがあります。そして成形は左回転のロクロが使用されていました。このような特徴からカムィヤキは、高麗の無釉陶器の生産技術に通じるものではないかといわれています。

琉球列島全域に流通

このカムィヤキは、窯のある奄美諸島、そして現在の沖縄県の中心部である沖縄諸島、さらに南の先島諸島といわれる宮古諸島、八重山諸島でも出土しており、その分布は琉球列島全域におよんでいます（図10）。

生産時期は一一世紀後半から一四世紀ごろと考えられています。時代でいえば平安時代から鎌倉時代なのですが、琉球列島の歴史の時代区分でいえば、貝塚時代終わりごろからグスク時代とよばれる時代となります。

琉球大学の池田榮史さんが、カムィヤキの生産と流通の歴史意義についてつぎのように述べています。「カムィヤキは、琉球列島全体を視野にいれた初めての広域流通品であり、琉球列島から九州にいたる地域の交易・交流のあり方を知る手がかりとなるものであり、さらには琉球国の形成を考えるうえでとても重要な資料である」と。

さらに踏み込んだカムィヤキの評価もあります。ひとつは、高麗陶器の影響を受けながら、その生産と流通は琉球の工人や商人が自立的に担ったとする考えです。もうひとつは、高麗陶器の影響を受けた点では同じですが、その生産と流通には九州の在地勢力や博多の商人が介在していたとする考えです。

このようなカムィヤキは、やはり東播焼や珠洲焼などとは異なる系譜のやきものと考えるべきではないでしょうか。

やきものをとおしてみても、日本列島全体を一元的にとらえられないことを語るものです。そこには、列島の周縁の現象としてはかたづけられない独自性があるものといえるでしょう。

瀬戸内海交通とやきもの

京都と西日本各地をつなぐには、瀬戸内海の海上交通が重要な役割を担っていました（図11）。『兵庫北関入船納帳《ひょうごきたせきいりふねのうちょう》』という記録があります。神戸港の前身である兵庫津の一四四五年（文安二）の一年分の港湾税についての記録で、運ばれた品物とその量、それから積み込んだ港名などが記されています。

兵庫津は古代以来、畿内と西国を結ぶ海上交通の重要拠点となった港湾都市で、古くは大輪田泊《おおわだのとまり》とよばれ、平清盛が日宋貿易の拠点として整備したところとしても知られています。

さて、この『入船納帳』によれば、一四四五年に入港した船は二〇〇〇隻を超え、積み荷の主要なものは塩、木材、米、海産物で、加えてやきものもありました。

たとえば九月二〇日に「伊部《いんべ》　ツホ大小六十」とあります。これは備前の伊部に属する船が壺を六〇個、兵庫津に運んだことを意味しています。

兵庫津とともに古くから栄えた港に兵庫県尼崎市の大物浦《だいもつ》があります。瀬戸内海から神崎川・淀川の

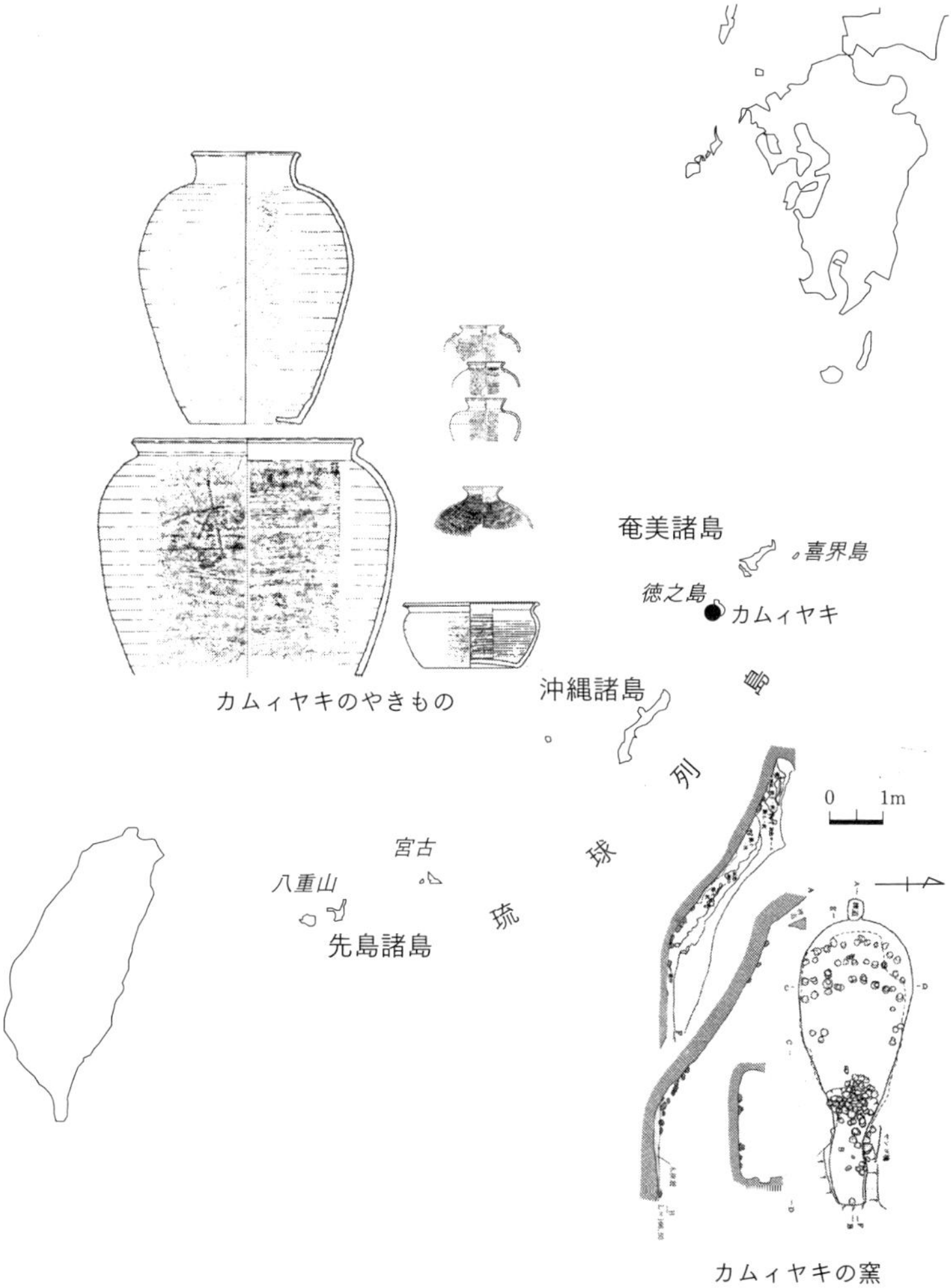

図10　琉球列島とカムィヤキ

合流付近に位置し、京都への物流を担う重要な港です。

これらの遺跡の発掘では、貿易陶磁や東播焼はもとより、本来、遺跡周辺では出土しない瀬戸内各地の食膳用の土器の椀・皿が出土していました。土器製の椀・皿は商品として流通するものとは想定されないことから、海上輸送に従事した人びとが使用するために持ち込んだものでしょうか。

西日本では、中世後期は、応仁・文明の乱（一四六七〜一四七八）を境に二時期にわけているのですが、そのころからしだいに流通の拠点は兵庫津から堺に移動してゆきます。そこには、陶磁器流通を担う商人のなかで堺商人の力が増大したことがあるのではないかと考えられています。

生産と流通が一体となった窯

中世の西日本を代表するやきもの産地は、東

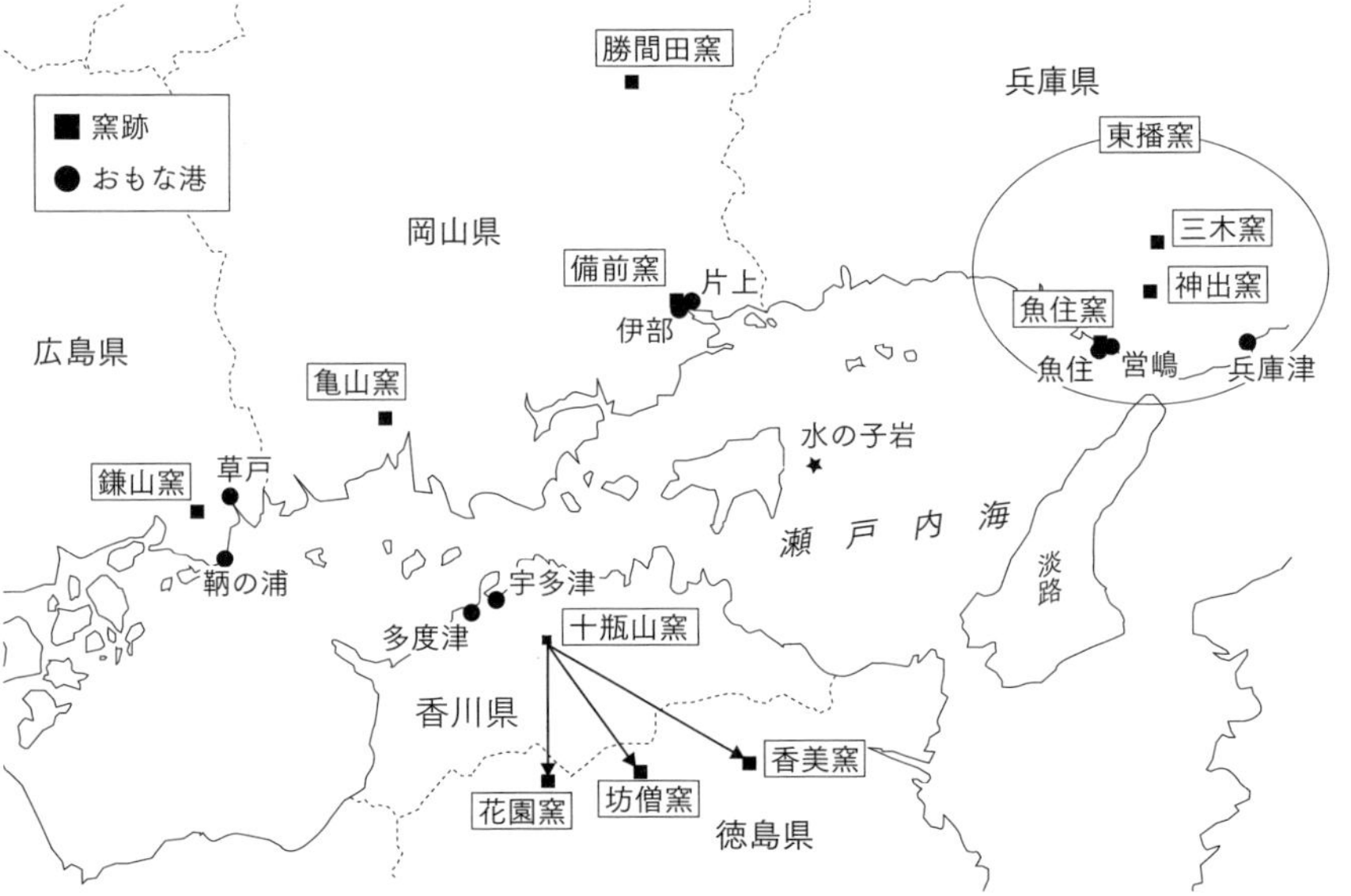

図 11　瀬戸内海の港と窯

播窯と備前窯でした。

　東播窯は、神戸市の神出窯、三木市の三木窯、明石市の魚住窯の三つの窯跡群を中心とする播磨国東部地域で生産された中世須恵器の総称です。神出窯、三木窯は一一世紀中葉には生産をはじめ、一二世紀にあらたに魚住窯が生産を開始することで中世東播窯がでそろうこととなります。

　この魚住窯は、明石市の瀬戸内海に面した中尾川河口、赤根川河口付近の二カ所に展開していました。それぞれ魚住港と江井ケ嶋《えいがしま》港に隣接しており、生産と流通が一体となったシステムをそこにみることができます。中尾川河口にある住吉神社の両側の斜面や中尾川を少し上ったところに四〇基近い窯が確認されています（図12）。

　一四世紀にいたると、魚住窯を主体とする東播焼もしだいにその生産を減少させてゆき、とってかわるのが備前焼です。備前窯の成立は一二世紀のことで、それから百年ほどの間は青

写真の中央に住吉神社があります。この神社の周辺および内陸に入ったところに窯がつくられていました。窯が海岸につくられた理由は、製品をすぐに船に積み込めることです。住吉神社が流通にかかわっていたのでしょうか。

図12　魚住の住吉神社（兵庫県明石市）

灰色の古代須恵器そのものでした。それが鎌倉時代終わりごろには、よくしられる茶褐色の備前焼の姿に変化するのです。堅牢で重厚な焼きの壺・甕、そしてすり目のあるすり鉢は、またたくまに西日本全域に普及するようになります。

備前窯は、瀬戸内海のほぼ中央に位置し、片上港、伊部港に隣接しており、生産と海上輸送が一体となったシステムをつくりだしたのです。室町時代に生産の始まる三石入の大甕などの搬出にもとても有利な条件であったと思われます。

安濃津とやきもの

現在の愛知県にある渥美窯、常滑窯、瀬戸窯などで生産されたやきものは、伊勢の港に運び込まれたと考えられています（図13）。

中世のやきものを代表するすり鉢・壺・甕、なかでも大型の甕は舟運が一番合理的な輸送法で、その流通には問丸のような港などで物資の輸送や管理をおこなう業者が重要な役割を担ったものと考えられています。

伊勢には、大湊、安濃津、桑名と中世を代表する港がありました。そのひとつ安濃津は、現在の三重県の県庁所在地の津市にあたり、中世後半には「日本三津」といわれた港です。

安濃津ではたびたび発掘調査がおこなわれ、その考古学成果をもとに伊藤裕偉さんが安濃津の物資集散機能について分析しています。

鎌倉時代の溝跡から常滑焼の甕、山茶碗、小皿などがまとまって出土したそうです。山茶碗は、およそ二〇〇点以上出土したのですが、内面がざらざらとして使用された痕がないものが大半であったというのです。出荷される前のものだと判断できます。瀬戸や知多半島で焼かれた山茶碗が、窯から出されてよほど状態の悪いもの以外は、そのまま安濃津に運び込まれ、ここで選別され商品として出荷されたと考えられます。

山茶碗は広域流通品ではなく、生産地に近い三重県や生産地周辺の愛知県、岐阜県、静岡県などで使われた食膳具です。また、距離的に離れた鎌倉遺跡群でも相当量の山茶碗が確認されていることから、鎌倉でも日常的な食膳具のひとつとして使われていたようです。そのような三重県内の消費地や鎌倉に運ばれる最初の集積地がこの安濃津ということになります。

安濃津とともに、伊勢神宮の貢納品の集積地として大湊がありました。安濃津も大湊も伊勢神宮と密接な関係のあった港で、伊勢と地方を結ぶ流通網の中心的な役割を

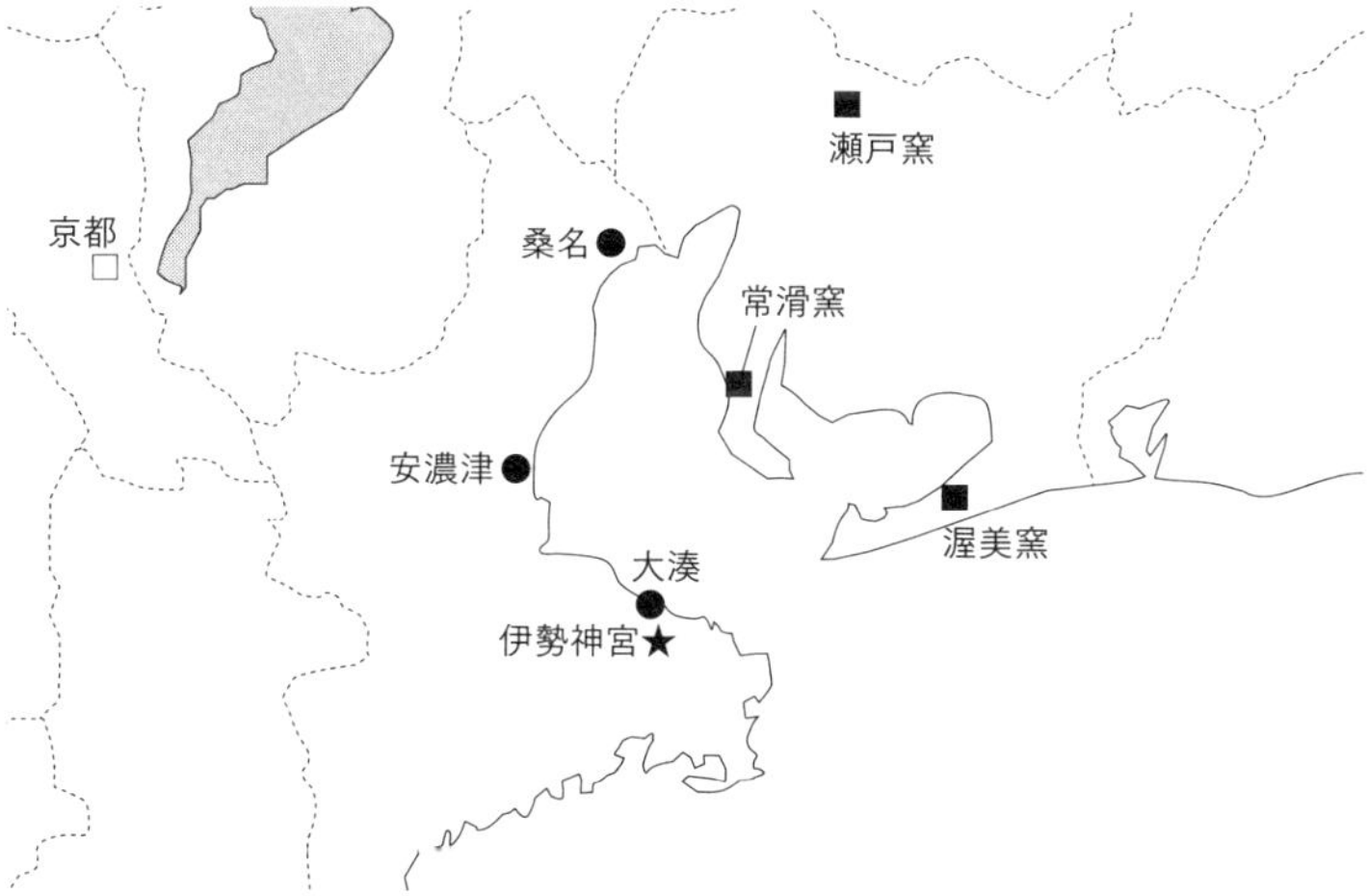

やきもの集積地としての伊勢の港
平家物語に「伊勢瓶子」という言葉がでてきます。これはやきもの集荷地の名前を冠したもので、やきもの自体は瀬戸窯、常滑窯のやきものを指しているものでしょうか。瀬戸や常滑のやきものの多くは、伊勢の港に集められ、そこから京都や鎌倉などに運ばれたといわれています。

図13　伊勢の港と尾張・三河のやきもの産地

担った場所でもありました。東海地方のやきものが列島各地に流通した背景には、このような伊勢神宮に関係する流通網の存在も大きかったと思われます。

沈没船とやきもの

海とやきものの関係をみるうえで注目すべき遺跡に海底遺跡があります。海底遺跡とは、嵐などで沈没した船と積み込まれていたやきものなどを指しています。韓国の新安沖の沈没船がとても有名ですが、列島周辺にも多数の沈没船が確認されています（図1参照）。

香川県の水の子岩海底遺跡からは、南北朝時代の備前焼の大甕、すり鉢などが多数確認されました（口絵7・図14）。日本海では新潟県上越市の名立《なだち》沖、長岡市の寺泊《てらどまり》沖、粟島《あわしま》近海などから珠洲焼などが確認されています。

ひとつの沈没船のなかからまとまって確認されたやきものならば、同一の時期に生産された可能性が

図14　水の子岩海底遺跡（香川県小豆島町）の発掘調査

高いと推測でき、やきものの時期や様式を考えるうえで重要な資料といえます。

中世の海運システムの多くは、地域の拠点となる港から港へという地域間を往来することが主体であったことはまちがいないのですが、鹿児島県奄美大島の倉木崎《くらきざき》遺跡、和歌山県の沖ノ島北方海底遺跡からは、青磁や白磁の碗や皿などが確認されており、中国から日本にむかう貿易船であったようです。海底遺跡は地域間のみならず、東アジア全体を行き来する航路の存在を証拠づけるものでもあります。

3 馬の背に揺られるやきもの

内陸の流通拠点で出土するやきものの不思議

物資のターミナルとして港が重要な役割を担ったことを述べてきました。やきものをはじめとする物資は、港から海を渡り、遠方に運ばれてゆきます。目的地が内陸であれば、目的地に近い河口付近の港で荷をおろし、そこからは河川交通や陸上交通を利用して運ばれます。河川が街道などと交差するところには川港（川津）がつくられ、そこで物資はおろされ、そこからは馬や牛の背にのせたり、人が背負ったりして運ぶこととなります。

関東平野を例にみると、入間《いるま》川、荒川、利根川などの河川が流れ、その河川に交差するように、鎌倉から北陸や東北方面にむかう上道、中道、下道など主要な街道がありました。これを鎌倉街道とよび、「いざ鎌倉」の故事にあるように、鎌倉に一大事のおりの軍事的道路だという説もありますが、やはり鎌倉や品川港などと地方をむすぶ流通のための道路でもありました。そして、街道沿いに形成された川港や宿駅が物資の集積地となり、流通の拠点となったと考えられます（図15）。

川港や宿駅は文献や地名などで推測されているのですが、じつのところその実態はよくわかっていませんでした。ところが、この数十年の発掘により、すでに名の知られた宿とは無縁なところからも新たな宿跡と思われる遺跡が確認されるようになりました。

栃木県下野市にある下古館《しもふるだて》遺跡は、奥大道といわれる奥州への街道沿いに形成された宿跡です。東西四八〇メートル、南北一六〇メートルの範囲を幅四メートルの堀がまわり、中央を南北に街道が通り、その両側に溝でかこまれた屋敷跡がならんでいました。埼玉県熊谷市の下田町《しもだまち》遺跡、千葉県市原市の荒久《あらく》遺跡でも同様の屋敷が連続する宿跡が確認されています。

このような宿跡から出土するやきものには共通した特徴があります。それは、常滑焼や瀬戸焼と在地産の瓦質片口鉢など商品として流通していたものに加えて、南伊勢系の鍋、東海地方の山茶碗、東播焼の片口鉢などのやきものが出土することです。これらのやきものの大半は生産地の周辺で消費されるもので、広域に流通する商品ではありません。また北関東には鉄鍋や瓦質片口鉢があり、あえて遠方のやきものを入れる理由がありません。

これらのやきものは、まず都市鎌倉などに商品として入ってきて、鎌倉で消費されずにあふれた商品が、本来の流通品である常滑焼などの副次的産物として商品の集積地である川港や宿などに限り搬入されたものと考えられるのです。

神坂峠を越えたやきもの

岐阜県の東端に位置する中津川《なかつがわ》市に中津川窯がありました。一三世紀前半から一四世紀にかけて操業

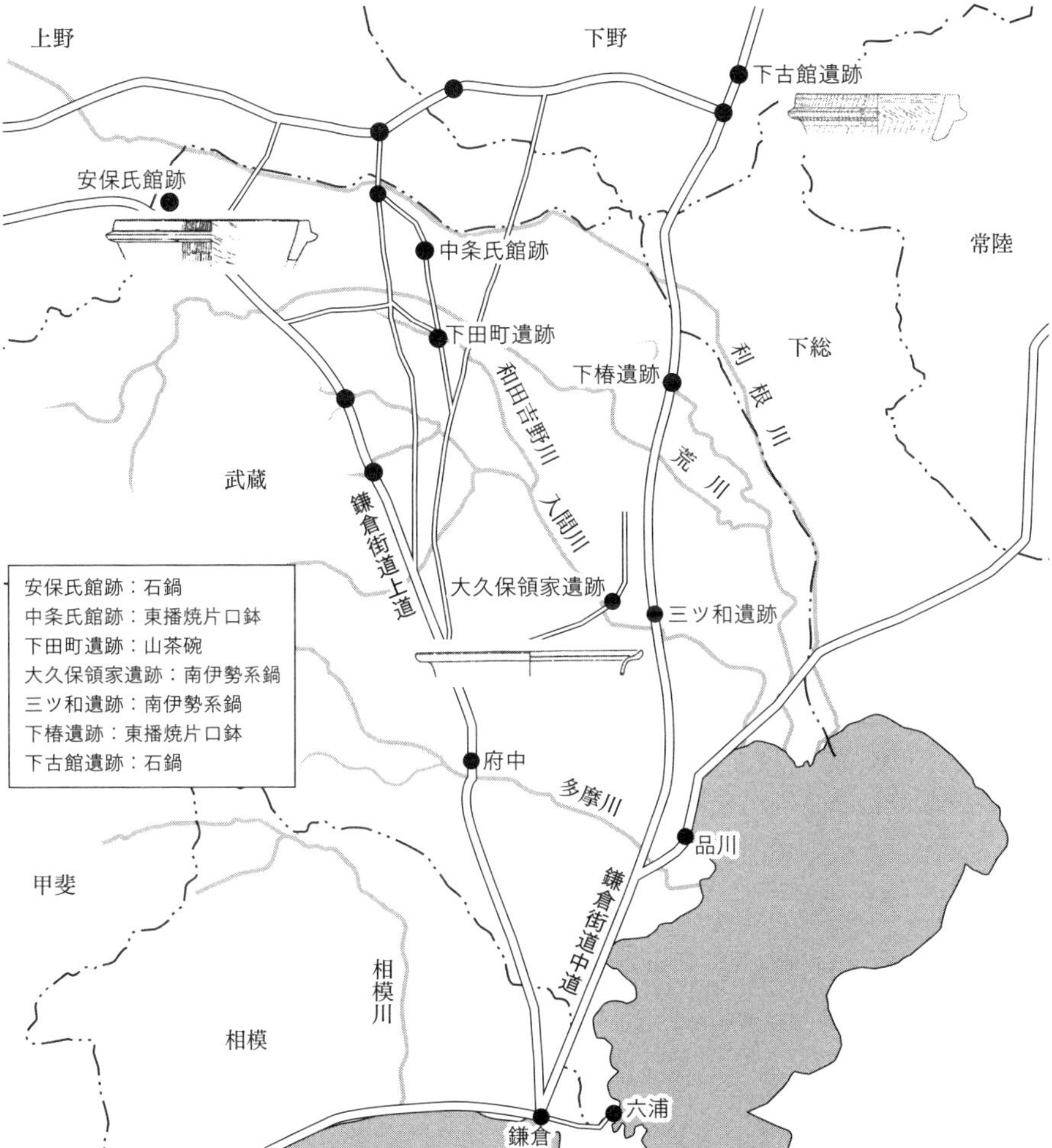

北武蔵の物流
品川港などから水上交通を利用して、内陸の川港や街道の宿などへさまざまな物資が運ばれてゆきました。川港や宿には、武士と僧侶などの支配層や商工民、百姓たちも集住していたと思われ、地域支配の本拠であり、商品流通の拠点であったところが多いです。そのような場であることから、常滑焼や瀬戸焼などのやきものに加え、西日本の東播焼の片口鉢、南伊勢系鍋などが出土する遺跡が多いです。

図 15　北武蔵にみる交通の要衝地とやきもの

した窯跡です。生産した製品は山茶碗や小皿、それと常滑焼に類似した大型の甕、片口鉢などです。常滑窯の技術を導入し生産がはじまったものです。

この中津川焼はどこに運ばれたのでしょうか。その主要な消費地は長野県の伊那谷を中心とした地域のようですが、諏訪大社の上社周辺や上田市、さらには山梨県西部地域でも出土が確認されています(図16)。また、岐阜県の高山市にある尾崎城で、常滑焼甕、珠洲焼壺とともに中津川焼の甕や片口鉢が確認されていることから、飛騨地方も中津川焼の流通圏になっていたことがわかります。

長野県や岐阜県の飛騨地方に常滑焼を運ぶには、河川を使った舟運も考えられるのですが、その河川は天竜川や飛騨川といった急流であり、やきものの運搬にむいているとはいえません。そうなると陸路を運んだと考えられます。

長野県への陸路は、古代以来の東山道が重要なルートとして浮かびます。しかし、東山道を伊那谷にゆくには、最大の難所である神坂峠《みさか》を越えなければなりません。神坂峠は標高一五六九メートルの高所にあり、峠への道は険しいものでした。

しかし、中津川焼は神坂峠からも出土が確認されており、この峠を越えて長野県に運ばれたことはまちがいないことです。険しい神坂峠を越え、長野県北部までの流通範囲を考えると、陸路輸送をなりわいにした馬借《ばしゃく》のような存在を想定しなければならないでしょう。

高山市の尾崎城の出土遺物をみると、日本海側で生産された珠洲焼と太平洋側で生産された常滑焼、内陸の中津川焼の甕や片口鉢が混在しています。それは岐阜県の高山市周辺が珠洲焼と常滑焼の流通圏の末端にあったことを反映するもので、その広域流通品の間隙を埋めるように中津川焼があったのではないでしょうか。

美濃側からみた神坂峠：写真中央の谷間に道筋があります。信濃は美濃側より急峻な道が続き、そこを馬や牛に担ってやきものが運ばれたのでしょう。

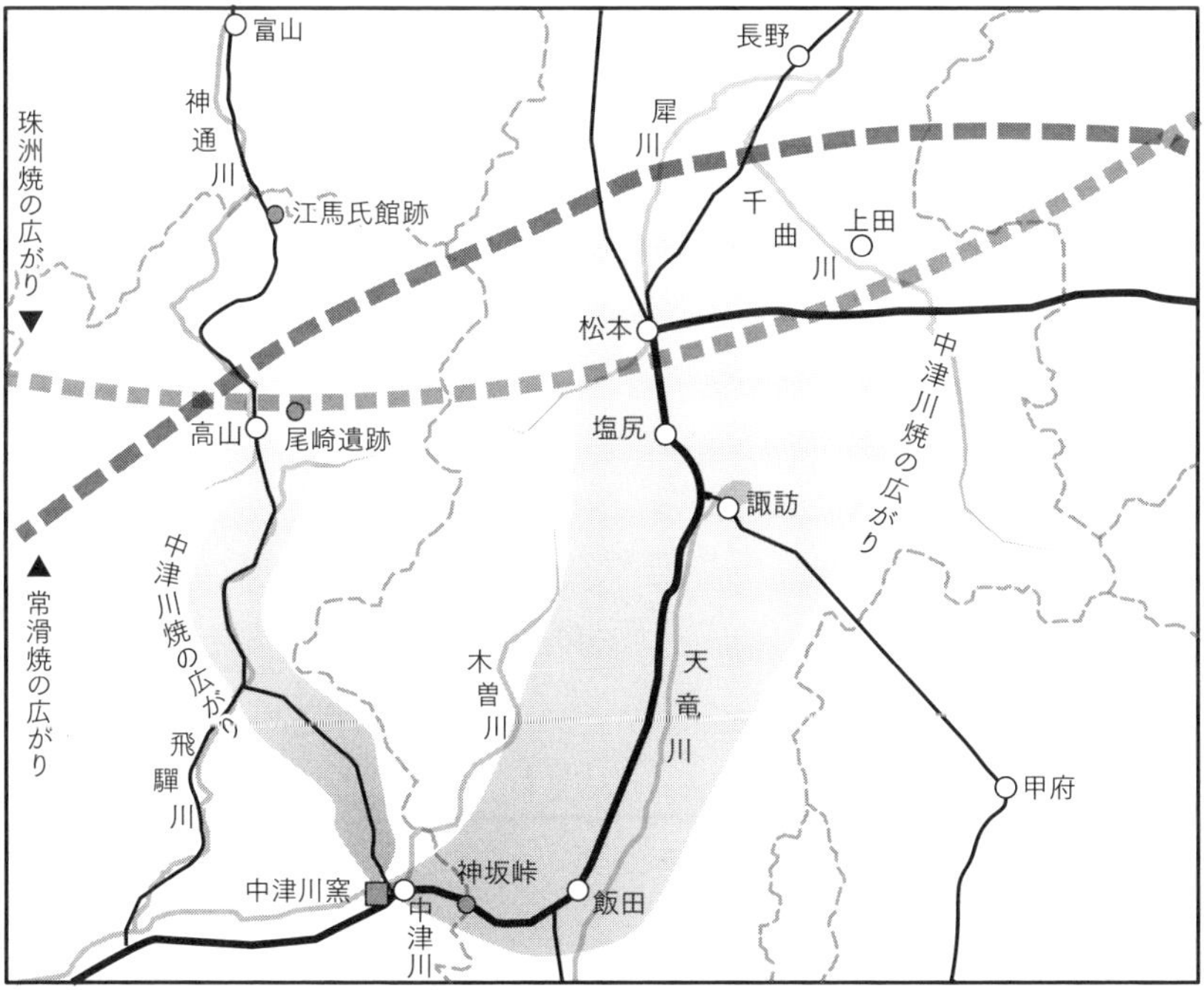

図 16　中津川窯製品の分布

この中津川窯のように、数郡単位を流通範囲として広域流通品の間隙を埋める窯業地が列島各地に分布していました。

振り売りの世界

第1章でみた『慕帰絵詞』の一場面に、荷を担いだ男が荷籠をのせた駄馬の手綱を引く風景があります（図17）。荷の中身は、円盤状の絵柄から、かわらけではないかと思われます。

畿内の瓦器椀の出土分布をみると、生産地から半径一〇～二〇キロほどの、日帰りが可能な範囲に広がることから、『慕帰絵詞』の一場面にあるように、工人みずからが荷駄を仕立て販売していたのではないでしょうか。

また山茶碗は、東海地方一帯で生産されていた日常用の食膳具ですが、藤澤良祐さんは、山茶碗・小皿の流通圏はせいぜい三〇～四〇キロが限度と想定しています。これは近世の瀬戸焼の行商人の活動距離ともほぼ一致するもので、

図17　『慕帰絵詞』に描かれたかわらけ売り（国会図書館所蔵模本より）

数日間の「振り売り（行商）」で十分往復可能な距離であったといわれています。その流通の担い手は、生産者自身が運搬と販売に直接従事していた可能性が高いと判断されています。

中世後期に東西を問わず、各地でさかんに生産された瓦質や土師質のすり鉢・鍋なども同様の流通形態だったと考えられます。

4　物資をどん欲に飲み込む鎌倉

中世都市・鎌倉

鎌倉や京都に代表される中世都市とは、人口の集中、交通の集中、商工業の発達などの要素を備えた場所だと考えられています。当時の鎌倉の人口は数万人とも一〇万人ともいわれています。南に相模湾、東・西・北の三方を山によってかこまれた狭小なエリアに、武士や寺院関係者、それをとりまくように商工民たちが集住して生活していたといわれています。人びとの生活用具や食糧は、市中で生産されるものはほとんどなく、大半が鎌倉の外から運ばれてきたものでした。

河野眞知郎さんは、そんな鎌倉の状況は、西からの情報と物資をどん欲なまでに飲み込み、東国各地からは人と技術を吸いあげ、それを東国へは還流させない、飲み込むいっぽうの「鎌倉ブラックホール」だと表現しています。

「鎌倉ブラックホール」とはとてもおもしろい喩えで、それは鎌倉から出土するやきものにもよくあらわれています。

鎌倉から出土するやきもの

第一にあげられるものは貿易陶磁です。中国陶磁器を中心とし、高麗青磁なども確認されています。中国陶磁器の白磁四耳壺・梅瓶・水注、青磁碗・皿、白磁皿と、その種類はとても豊富でした。

つぎに国産陶器は、瀬戸窯の古瀬戸製品、常滑焼・渥美焼などの壺・甕・片口鉢が多く出土しています。

しかし、鎌倉はそれではおさまりませんでした。楠葉などの畿内の瓦器、南伊勢地方で生産された土鍋、東播焼の片口鉢や壺、備前焼のすり鉢、亀山焼の壺など、西日本各地のやきものが出土するのです。とてもめずらしいのですが、珠洲焼の壺も出ています（図18）。

瓦器椀には花や稲穂などで飾られたものもあり、高級武家屋敷の今小路西遺跡から四〇点近く出土していることから考えても、仏器や祭祀用の特別なやきものではないかと考えられています。しかし、南伊勢の土鍋や東播焼の片口鉢や壺などは、鉄鍋や常滑焼などの片口鉢よりもすぐれているとは思えません。西から塩や米などの荷のすきまに積み込まれ、常滑焼の片口鉢よりはるかに安い価格で取り引きされたのではないでしょうか。

鎌倉市中のあちこちから出土するこれらのやきものは、武士や僧などの支配層、さらには商工民にいたるまで、階層を問わず、その量の多寡はあれ中国陶磁器や国産陶器を使用していたことを物語っています。それは、都市鎌倉の生活が、商品経済に頼っていたことを示すものでもありました。

それでは、鎌倉周辺で生産されたやきものはないのでしょうか。たとえば、大量消費されたかわらけは、生産跡こそ確認されていないのですが、比較的簡単に生産することができたことから鎌倉周辺で焼かれたものと考えられています。

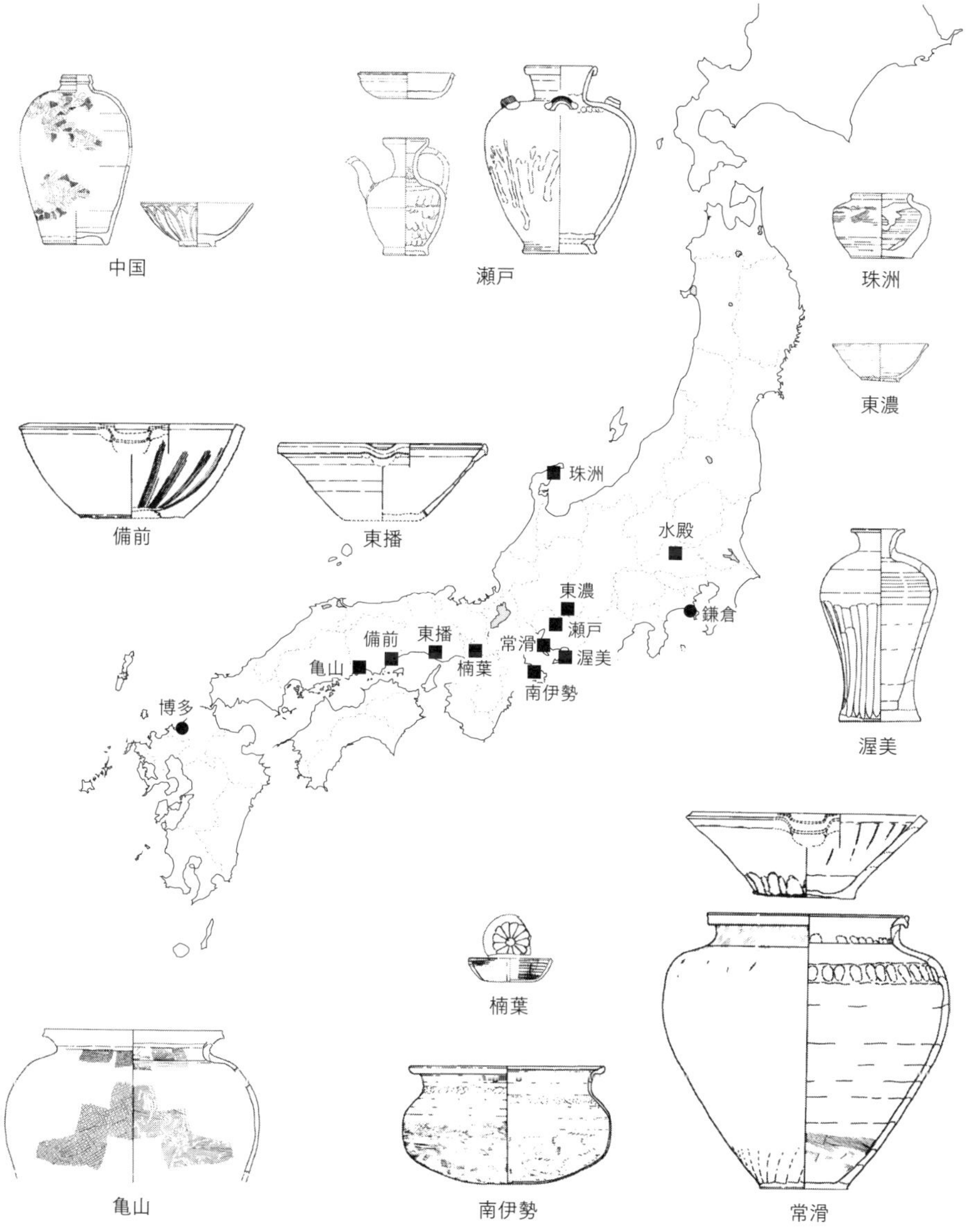

図18　鎌倉遺跡群出土のやきもの

寺院の建物に使われることが多い瓦は、たとえば永福寺《ようふくじ》の創建時には京都の鳥羽離宮でも使用された愛知県の猿投窯の瓦も葺かれていましたが、多くは埼玉県の水殿瓦窯など近場の北関東で生産された瓦が使われていました。

鎌倉は、そこに住む人びとの食糧ややきものをはじめとするさまざまな商品を都市の外に頼る都市空間だったのです。

終章

中世社会とやきもの

1　やきものと儀礼

武士本拠の成立とやきもの

中世社会は、「武士の時代」「宗教の時代」ともいわれています。そして、その開始時期は、院政のはじまる一一世紀後半ごろとも、武士の活躍が目覚ましくなる一二世紀中葉ごろともいわれています。

列島各地の古代遺跡をみると、九世紀後半ごろまでは大小の村落跡が点在していたのが、一〇世紀に入るとしだいに減少してゆき、一一世紀代には確認できる遺跡がきわめて少なくなります。このような傾向は東日本で顕著でした。

なぜ、そのように遺跡は減少していったのでしょうか。ひとつには、九世紀以来のたびかさなる自然災害や戦乱により人口が減少したことがあります。加えて集落が小さな単位になり、竪穴建物から掘立柱建物に変化したことなども考えられます。

しかし、一二世紀中葉になると、東日本各地に武士の居館を中心とした遺跡が多数確認されるようになります。関東でいえば埼玉県内の秩父平氏の本拠遺跡、東北でいえば平泉藤原氏の本拠であった平泉遺跡群などで、それらの遺跡からは大量の中国陶磁器、渥美焼や常滑焼の甕・壺、それと京都系の手づくねかわらけが出土するのです。

その大きな要因として、日本列島のみならず大陸をふくめた流通網の発達が考えられます。流通の発達は、渥美焼や常滑焼の甕・壺などのやきもの生産の本格的な稼働とも連動するものでした。その流通と生産にあらたな支配者である武士が重要な役割を担ったことはまちがいないことでした。

袋物指向

平泉遺跡群や鎌倉遺跡群から、中国陶磁器の白磁四耳壺・白磁水注・白磁梅瓶、青白磁梅瓶、さらに渥美焼や常滑焼の刻画文陶器や三筋文壺、珠洲焼の壺、瀬戸焼の瓶子や四耳壺などが出土し、それらが酒器として使用されたことを述べてきました。このような容器を「袋物」とよんでいます。袋物とは、やきもののなかで壺や水注のように袋状になっているやきものを指します。

この袋物は、東北地方や関東地方を中心とする武士の居館跡などからよく出土するのですが、西日本の都市遺跡や武士の居館遺跡からはあまり確認されません。また、この袋物は東播焼をはじめとした西日本の須恵器系陶器窯ではほとんど生産されていないことも特徴としてあげられます。

そのようなことから、この袋物は東国の武士が儀礼・饗宴の際に好んで使ったものとされ、それを東国における「袋物指向」とよびます。

酒杯としてのかわらけ

また、ちょうど同じころに京都の手づくねかわらけが平泉をはじめとする東日本各地に出土することに触れましたが、それは、京都でおこなわれていた儀礼・饗宴を東日本の武士たちが自分たちの儀礼に応用したもので、儀礼の象徴を京都の手づくねかわらけに求めたといわれています。

中世を扱ったテレビドラマなどでも酒宴の際にかわらけを使っているシーンがあり、酒杯としてのかわらけのイメージは定着した感があります。この場面は、歴史的にみれば室町時代の「式三献《しきさんこん》」などの儀礼です。

このかわらけには清浄性が強く求められたという考えがあります。『枕草子』にも「きよしみゆるもの土器（かわらけ）」と記されているように、かわらけに神聖な器として清浄感を求め、酒杯として一度使用したかわらけは清浄さが失われるとされ、再使用せず廃棄されるようになったという考えです。

しかし、古代に儀礼の器として使用された土師器皿は、金属器、漆器、施釉陶器などとくらべると下位の器として位置づけられており、けっしてかわらけ自体に格調の高い価値をみいだすことはできません。

鈴木康之さんは、そのかわらけにたいして「かりそめ」という言葉を使用しています。かわらけは階層性の高い価値をもっていたから儀礼の器として使用されたのではなく、かりそめの、その場かぎりの一時的なものとして使用されたと考えたのです。儀礼・饗宴にかわらけを使用するのは、階層性の高さに由来するのではなく、脆弱で破損しやすく、繰り返し使えないため、つねに新しい製品が求められることから派生した感覚だと理解すべきではないかと主張しています。

また、脇田晴子さんは、「式三献」などの室町時代の儀礼は、平安時代の蔵人所滝口《くろうどどころたきぐち》の侍の儀礼に根ざしたもので、それが武家社会に受け入れられる過程で、土器の使用が肥大化したのではないかと指摘しています。

2　食文化とやきもの

文献にみる中世の主食

私は、一九六〇年代、岐阜県の中山間地の専業農家で育ちました。三食、米を食べ、副食も自家製の野菜が中心でした。味噌、醬油も自家製だった記憶があります。

このような食文化はいつごろはじまったのでしょうか。主食となる米は弥生時代以来のものといわれています。

中世ではどうだったのでしょうか。一般的に「米・麦・雑穀」を主食とする時代、粉食の時代ともいわれています。

中世の食生活の例としてよくとりあげられる史料に、上野国世良田《せらた》長楽寺の住持義哲の『長楽寺永禄日記』があります。一五六五年(永禄八)一月から九月までの記録なのですが、このなかに食事の記録が多くみられます。原田信男さんは、餅は当然のことですが、粥、麦飯、小豆飯、湯漬けなども米飯とみなされると考え、義哲の食事は米中心のものと考えています。

さらに原田信男さんは、東北地方の例をあげています。

浄土真宗三世の蓮如が、一四九八年(明応七)の東北布教の際に農民たちの食事を問うたところ、「稗ト申物バカリ食べ候」と答えが返ってきたとあります。このことは、東北地方の貧しい農民の食生活は、稗のような雑穀が大きな位置を占めていたということです。

遺跡からみた主食

各地の遺跡で出土した植物種実の分析がおこなわれており、どのようなものを食べていたのか推測できる成果もあります。

八王子城跡では、二二五キログラムほどの炭化穀物類が出土し、その種類は大麦、小麦、粟、大豆、小豆などでした。重量比率では、大麦が約七割で、小麦が一割で、米は〇・二割ほどと少ないです。大麦が圧倒的に多数を占めています。大麦の割合の高い理由を、発掘調査報告書では、八王子周辺が畑作を中心とする地域であったことによるとしています。大麦は、単独で調理して、あるいは米や雑穀とまぜて調理して食べたと思われます。いずれにしても八王子城では大麦が主食であったと考えられます。

静岡県磐田市の元島遺跡は、戦国時代前半の大量の土器や陶磁器が出土することなどから、同時期の物資集散地の港町といわれています。ここでも出土種実の分析がおこなわれ、米、粟・稗などの雑穀が確認されています。また、草戸千軒町遺跡では、米、大麦、稗・粟・蕎麦・豆類などの雑穀類、胡桃などが確認されています。炭化した米や大麦が検出された遺構も確認されています。

このような分析結果をみると、ほとんどの遺跡で米と大麦や雑穀が主食であったことが推測できます。基本となる主食は列島各地で大きくちがいはなかったのではないでしょうか。ただし、耕地利用のちがいによって、地域ごとに収穫される穀類にちがいがあるでしょうし、消費の場である村落と都市、階層のちがいなどで米と雑穀類の割合に変化が出たのでしょう。

さきに東北地方の農民は稗ばかり食べているとありましたが、収穫から口にするまでの道具を考えると、稗や粟は木製の臼・杵、木製のこね鉢、鉄製鍋があれば事足ります。前章で、中世後期の東北地方の太平洋側では、やきものの煮炊具、調理具、貯蔵具が遺跡からあまり確認されないと述べました。農民の食生活をみるかぎり、そうしたやきものがなくても済んだようです。

戦国時代終わりの八王子城跡では陶磁器が豊富に確認されているのですが、土製煮炊具は確認されていません。やはり煮炊きは、東北地方の農民同様に鉄鍋を使っていたと判断できます。

東北地方の事例と同じころの元島遺跡では、大量の土製鍋が確認されています。元島遺跡は港町で豊富な物資が集散する都市的な場です。鉄鍋がないために土鍋が互換品として使われていたとは思えません。第3章で土鍋の調理方法に触れたのですが、米と雑穀を調理するのに有効とは思えません。土製鍋が大量に出土するのは、元島遺跡のように戦国時代前半ころまでのことです。なにか時代的な背景でもあるのでしょうか。

3 中世やきものの特質

中世のやきものを機能・用途、生産、流通などさまざまな視点からみてきました。さらに、中世のやきものを考えるうえで、きわめて重きをなす儀礼・饗宴と食文化という点についても少し説明を加えました。それらのことから、少なくとも北海道や琉球列島をのぞく日本列島の中央部においては、やきものの生産と消費に一定の法則性があることがわかりました。

食膳具

食事のための椀・皿類は、西日本と東日本ではかなりちがいがありました。中世前期には、西日本では瓦器や山茶碗などのようなやきもの製の椀・皿が普及していたのにたいして、東日本では廉価な漆器椀が広く普及していました。

鎌倉時代の終わりから室町時代の初めには、西日本の瓦器椀、東海地方の山茶碗も消えてゆくことから、西日本でもしだいに漆椀・皿が普及し、列島の全域で食膳具の均一化が進んでいったものと考えられています。

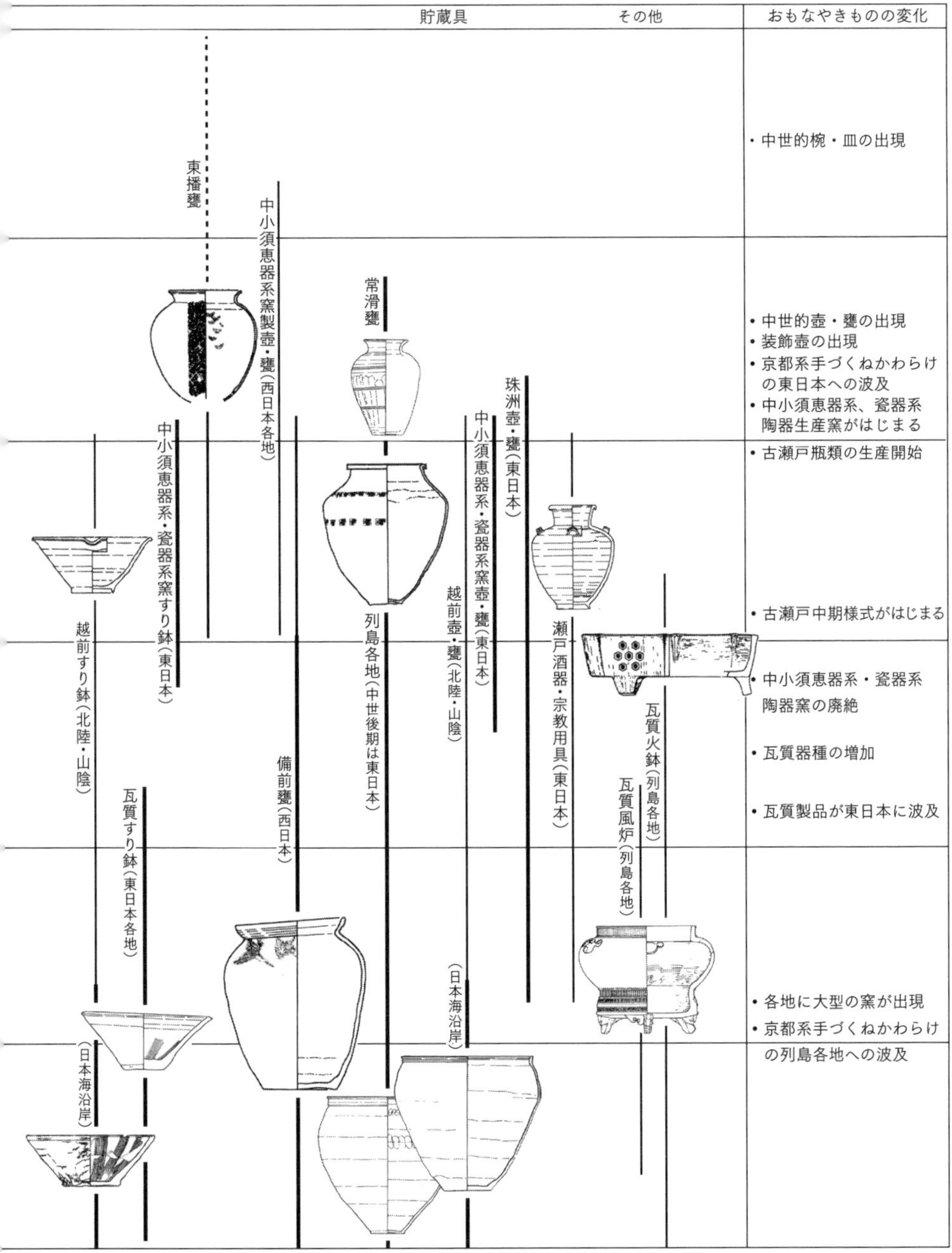

＊中世のやきものを機能・用途別に分類したものです。やきものが用途別、種類別に変化することがおおまかに把握できればと思います。14世紀中葉と15世紀後半に、やきものの種類や器種に変化が起きます。それはどのような理由からでしょうか。

【中世やきものの変遷】

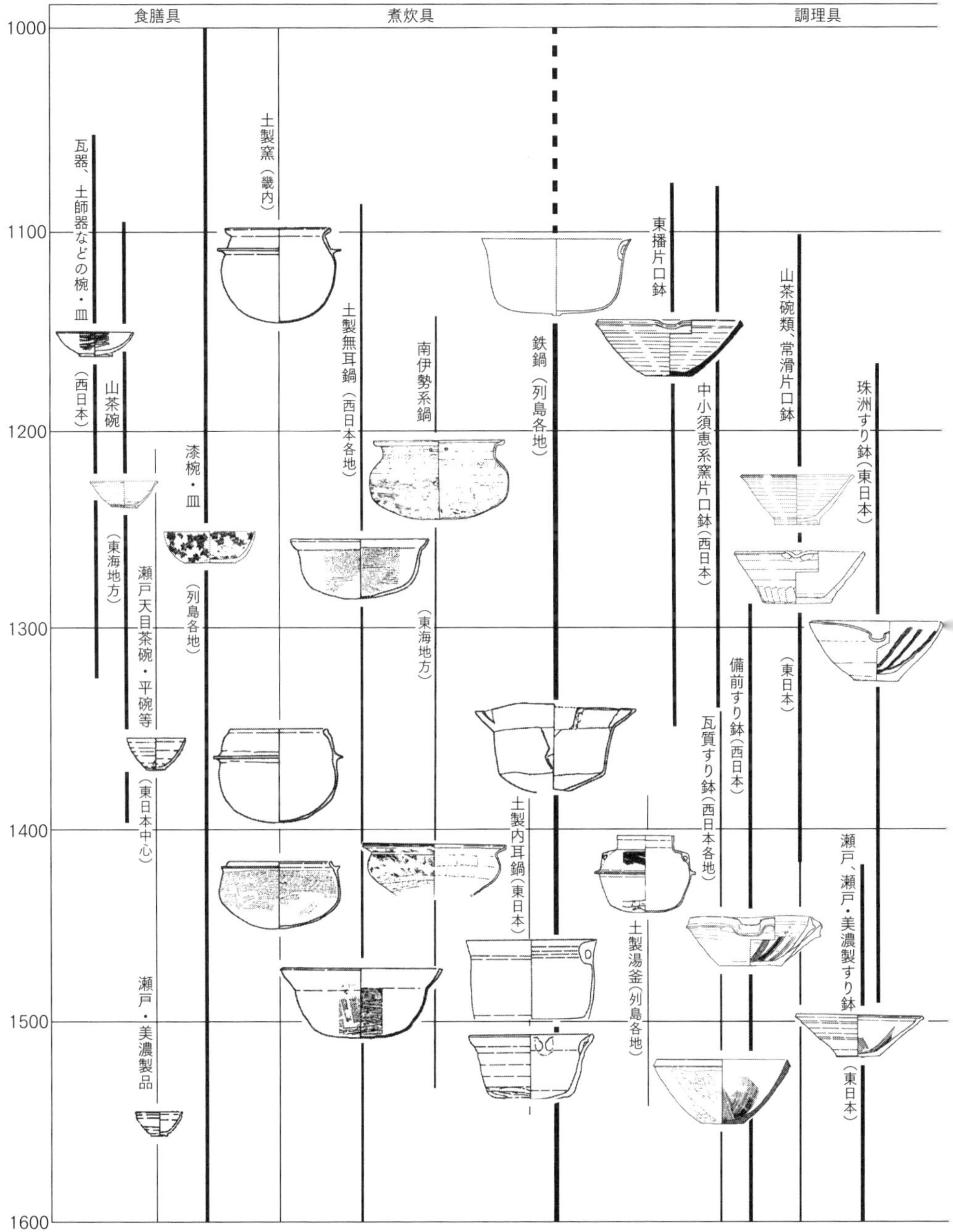

食膳具
煮炊具
調理具
1000
1100
1200
1300
1400
1500
1600
瓦器、土師器などの椀・皿（西日本）
山茶碗（東海地方）
瀬戸天目茶碗・平碗等（東日本中心）
瀬戸・美濃製品
漆椀・皿（列島各地）
土製釜（畿内）
土製無耳鍋（西日本各地）
南伊勢系鍋（東海地方）
鉄鍋（列島各地）
土製内耳鍋（東日本）
土製湯釜（列島各地）
東播片口鉢
中小須恵系窯片口鉢（西日本）
瓦質すり鉢（西日本各地）
備前すり鉢（西日本）
山茶碗類、常滑片口鉢（東日本）
珠洲すり鉢（東日本）
瀬戸、瀬戸・美濃製すり鉢（東日本）

中国陶磁器についてはほとんど触れませんでしたが、全時代を通じて列島各地に普及していました。そして品質のうえで中国陶磁器につぐ東海地方の古瀬戸や瀬戸・美濃大窯製の碗・皿が中世後期に東日本を中心に普及しました。ただし、これらの高級な食膳具は、地域と階層によって比率に変化がみられるものでした。中国陶磁器をみると絶対量では、西日本でも東日本でも、日本海沿岸に多い傾向にあります。

貯蔵具

中世における貯蔵具は、形態的に地域差と時代差が著しいものでした。

新しい装いのやきものとして紹介した装飾の豊かな壺類は、儀礼・饗宴のための酒器などとして東日本を中心に使用されたもので、階層差の顕著なやきものといえます。

東西両地域に広く生産された無装飾の壺・甕類のなかには、貯水用、穀物備蓄、蔵骨器などとして使用されたものがあったと思われます。ただしその受容者は、都市遺跡では商工民にいたるまで普及していた可能性がありますが、地方の遺跡をみるかぎり城館や寺院跡などからの出土にほぼ限定され、村落農民たちが貯水や穀物入れとして使用できたかは疑問です。壺・甕は支配層や都市民のためのやきものであったと考えられます。

中世後期になると、壺・甕などの貯蔵具の生産は備前窯、常滑窯、越前窯などを中心とする六古窯に集約されてゆくのですが、特定階層を受容者とした装飾の豊かな壺類の生産は減少し、生産用具としての甕類の生産が増加してゆきました。

調理具

中世前期の調理具は、すり目をもつすり鉢とすり目をもたない片口鉢のふたつに分かれました。すり目のあるすり鉢は東北地方の日本海側から北陸地方の一帯に分布し、すり目のない片口鉢は東北地方の太平洋側から西日本一帯に分布しました。このふたつのやきものの生産地をみると、前者は珠洲焼を中心とする新興のやきもの生産地が主体であるのにたいして、後者は東播焼、常滑焼に代表される古代以来の生産地であることが特徴です。

中世後期の調理具は、備前焼、常滑焼・瀬戸・美濃大窯焼、珠洲焼・越前焼などの広域流通品が列島を三分割するように普及していました。そのなかで、なぜか常滑焼のみ片口鉢の生産を継続させていました。

さらに、広域流通品を模倣した瓦質すり鉢が、各地に狭域の流通圏を設けて普及していました。関東地方の城館遺跡などをみると、広域流通品の瀬戸・美濃大窯製のすり鉢よりも瓦質すり鉢が大量に出土する遺跡があります。瓦質すり鉢は、広域流通の陶器製すり鉢と比較してかなり安いものです。多少粗悪な品物でも価格の安さから瓦質すり鉢を選んだのでしょうか。また狭域の流通圏は、中世後期の領国経済の発達のなかから生まれたものとする考えもあります。

ちなみに、中世後期は、石臼に象徴される粉食文化の発達が著しいと考えられています。すり鉢もこの粉食文化とのかかわりが想定されるのですが、いまひとつその役割が明確ではありません。

煮炊具

煮炊具は、中世前期では、畿内地方を中心とする地域で土製の鍋や釜が多くみられました。

それが中世後期には南東北地方から九州地方に至るまで土製の鍋や釜が普及します。

しかし、煮炊きのための道具としては、時代と階層にあまり関係なく、鉄鍋が広く普及していました。鉄鍋は高価なものですが耐久性が高く、どのような調理であったとしても対応できる点で土製とは大きくちがいます。

土製煮炊具は、西日本では古代から継続して生産されており、広い階層の日常容器と認識されていますが、別の役割も想定されています。それは、かわらけのような一過性の儀礼のための道具として、また鉄鍋より断熱性が高いため料理法のちがいからくる必要な道具として、鉄材の不足から鉄製品の補完品としての役割などです。

いずれも確証はありません。ただ、どの機能を想定しても、土鍋は長期に使用できないことから消費量は膨大となり、かえって鉄鍋より贅沢品となる可能性が高くなるのです。そのことから、土製煮炊具は、庶民のための日常容器と明確に位置づけることはできないのではないでしょうか。

煮炊具の鍋は、鉄製、土製を問わず、列島の中央、若狭湾から伊勢湾を結ぶおおまかなラインを境に、東が内耳鍋、西が耳なし鍋であることも注目すべき点です。

以上、中世のやきものを用途別に概観してきました。中世前期の瓦器やかわらけなど土製食膳具を主体とする西日本、漆椀を主体とする東日本、また煮炊具の有無にあらわれているように、列島の基本的な枠組みは東日本と西日本というふたつの地域にありました。また平安時代末期の手づくねかわらけの東日本への波及と刻画文壺などに代表される酒器や蔵骨器などの宗教具としての壺類の分布にみられる儀礼・宗教的な価値観についても、食膳具などの境界とは明確に一致しないのですが、東西においてちがいを確認できるものでした。

このような東日本と西日本におけるやきもののちがいも、中世後期には不鮮明となってきます。食膳具でいえば、西日本の土器、東海地方の山茶碗に代表されるやきもの製品の消滅のいっぽうで、漆椀の列島全域への普及があります。さらに一五世紀後半には、中世前期の東日本ではほとんどみることのなかった瓦質鍋とすり鉢が、中世後期に新たに出現する風炉、香炉、火鉢などとともに、列島全域に均質に普及してゆきました。

中世後期には、東西の地域枠組みが薄れていったものと考えられます。大窯生産による大量生産は、都市だけでなく村落へのやきものの普及を可能にし、近世にむけて大量消費時代へのさきがけでもありました。それは、近世のあらたなやきもの生産地の出現へとつながります。

やきものをふくめた食器類の量と質は、現代社会においても豊かさや富の反映でもあります。いまも友人や親せきが集まり食事をすれば、少しでもよい食器でもてなすはずです。それは見栄であり、富の誇示でもあるかもしれません。それは、まさに中世の宴会の場につながる思想の継承ではないでしょうか。

発掘された中世やきものがみられる博物館など

勝山館跡ガイダンス施設
北海道檜山郡上ノ国町勝山四二七
〇一三九‐五五‐二二三〇
松前氏の祖である武田信廣が築いた城館跡。遺構が復元され、史跡公園として公開している。ガイダンス施設で、館跡から出土した中国産青磁・白磁・染付、国産の瀬戸焼、越前焼などの陶磁器を展示。

青森市中世の館
青森県青森市浪岡字岡田四三
〇一七二‐六二‐一〇二〇
青森県を代表する中世城館、浪岡城跡から出土した中国陶磁器、古瀬戸、越前焼などの国産陶器を展示。「中世の館」から徒歩八分ほどで浪岡城跡に行くことができる。浪岡城跡では復元した遺構を公開。

八戸市博物館
青森県八戸市大字根城字東構三五‐一
〇一七八‐四四‐八一一一
八戸市の歴史系博物館で、隣接して国指定史跡根城がある。根城跡は「史跡根城の広場」として公園化されており、本丸跡には主殿、工房、厩などを復元。博物館では根城の発掘調査で出土した陶磁器を展示。

平泉文化遺産センター
岩手県西磐井郡平泉町平泉花立四四
〇一九一‐四六‐四〇一二
世界遺産に登録された資産を含めた〝平泉の文化遺産〟の魅力を、パネルや映像などでわかりやすく紹介するガイダンス施設。町内から出土したかわらけ、渥美焼や常滑焼の甕、白磁四耳壺などの陶磁器類を多数展示。

宮城県立東北歴史博物館
宮城県多賀城市高崎一‐二二‐一
〇二二‐三六八‐〇一〇六
古代陸奥国府の鎮守府が置かれた多賀城に近接する宮城県立の歴史系博物館。多賀城跡出土の古代・中世の土器、陶磁器類、水沼窯の出土品などを展示。

小田城跡歴史ひろば
茨城県つくば市小田二三七七
〇二九－八六七－四〇七〇
常陸国南部地域に勢力をもった小田氏の城館跡。発掘調査をもとに遺構を復元。近接するガイダンス施設で出土陶磁器などを展示。

国立歴史民俗博物館
千葉県佐倉市城内町一一七
〇四三－四八六－〇一二三
日本列島に人類が出現してから現代に至るまでの列島の歴史を体系的に展示。中世では、都市鎌倉や草戸千軒町遺跡などをジオラマや出土陶磁器などで紹介。

東京国立博物館
東京都台東区上野公園一三－九
〇三－五七七七－八六〇〇
考古遺物がならぶ平成館で、中世の宗教にかかわる経塚資料や蔵骨器などを展示。東洋館では、中国を中心とする貿易陶磁器を展示。

出光美術館
東京都千代田区丸の内三－一－一　帝劇ビル九階
〇三－五七七七－八六〇〇
日本の書画、内外の陶磁器など多くの収蔵資料をもつ美術館。陶片室で日本をはじめアジア各地の遺跡や窯跡から出土した世界各地の貴重な陶片資料を展示。

鎌倉歴史文化交流館
神奈川県鎌倉市扇ガ谷一－五－一
〇四六七－七三－八五〇一
世界的に著名な建築家ノーマン・フォスター氏の設計事務所（フォスター＋パートナーズ）が手がけた個人住宅を活用した博物館。原始・古代から近現代に至る鎌倉の歴史を紹介し、鎌倉の中世遺跡の出土品も展示。

小田原城
神奈川県小田原市城内
〇四六五－二三－一三七三
小田原城跡は本丸・二の丸の大部分と総構の一部が国の史跡指定となっている。本丸周辺は「城址公園」として整備され、その中心に天守閣が復元され、小田原城で出土した陶磁器などを展示。

奥山荘歴史の広場・奥山荘歴史館
新潟県胎内市あかね町一〇七－一〇

〇二五四－四四－七七三七
奥山荘は新潟県胎内市・新発田市に所在する中世の荘園遺跡で、一〇カ所が国の史跡として指定され、そのひとつ江上館が復元公開されている。出土した陶磁器を隣接する奥山荘歴史館で公開。

珠洲焼資料館
石川県珠洲市蛸島町一－二－五六三
〇七六八－八二－六二〇〇
珠洲焼を収蔵・展示、研究するための施設。珠洲焼を代表する刻画文陶器などを多数展示。敷地内には鎌倉時代の窯をモデルとした復元窯がある。

福井県立一乗谷朝倉氏遺跡資料館
福井県福井市安波賀町四－一〇
〇七七六－四一－二三〇一
特別史跡一乗谷朝倉氏遺跡は、戦国大名朝倉氏が築いた城館と城下町。長期の発掘調査の成果をもとに城館・城下の一部が復元されている。資料館で遺跡から出土した陶磁器を公開。日本の中世考古学研究の聖地ともいわれる場所。

福井県陶芸館・越前古窯博物館
福井県丹生郡越前町小曽原一二〇－六一
〇七七八－三二－二一七四
越前陶芸公園にやきものに関係するさまざまな施設がある。福井県陶芸館では中世以来のさまざまな越前焼を展示。隣接する越前古窯博物館では、越前古窯研究の第一人者である水野九右衛門が収集した資料を公開。

多治見市美濃焼ミュージアム
岐阜県多治見市東町一－九－二七
〇五七二－二三－一一九一
古代から現代にいたる美濃焼を紹介。展示品には山茶碗、古瀬戸系施釉陶器、大窯製品、さらには織部・志野などの桃山陶器も豊富。また、荒川豊蔵など現代陶芸家の作品も公開。

愛知県陶磁美術館
愛知県瀬戸市南山口町二三四
〇五六一－八四－七四七四
日本における最大級の窯業地を背景につくられた国内屈指の陶磁専門ミュージアム。コレクションは三点の重要文化財を含め七〇〇〇点を超える。施設内にさまざまな時期の窯を復元。

瀬戸蔵ミュージアム

愛知県瀬戸市蔵所町一－一

〇五六一－九七－一一九〇

瀬戸の観光拠点施設「瀬戸蔵」の二～三階のフロアに入るやきものの博物館。三階で瀬戸焼の歴史を紹介し、やきものの移り変わりを豊富な発掘資料で解説している。生産地ならではの圧巻の展示。

とこなめ陶の森

愛知県常滑市瀬木町四－二〇三

〇五六九－三四－五二九〇

資料館、陶芸研究所、研修工房からなる。資料館で国指定の重要有形文化財に指定された生産用具や窯跡から出土した壺などを展示。研究所・研修工房は陶芸家の育成施設。

田原市博物館

愛知県田原市田原町巴江二－一

〇五三一－二二－一七二〇

田原藩の家老であった渡辺崋山に関係する資料をはじめとする田原市関連の歴史資料を公開。渥美焼の大アラコ古窯跡の資料などを展示しており、田原市が渥美焼の中心的生産地であることが痛感される。

滋賀県立安土城考古博物館

滋賀県近江八幡市安土町下豊浦六六七八

〇七四八－四六－二四二四

近江は戦国城館の宝庫。博物館は戦国城館の観音寺城跡、織豊城館の安土城跡に近接した位置にあり、観音寺城跡、安土城跡を中心とする出土陶磁器、城館模型などを展示。

兵庫県立考古博物館

兵庫県加古郡播磨町大中一－一－一

〇七九－四三七－五五八九

兵庫県が発掘調査した考古資料を保管・展示する博物館で、東播焼、古丹波焼の発掘品などを保管する。東播窯跡出土の甕や鉢、窯の模型などを展示。

広島県立歴史博物館

広島県福山市西町二－四－一

〇八四－九三一－二五一三

ふくやま草戸千軒ミュージアムともよばれており、中世の港町草戸千軒町遺跡の発掘調査成果を中心に展示。備前焼、東播焼、常滑焼などの国産陶器に加え、中国陶磁器をはじめとする貿易陶磁も豊富にあり、その資料は重要文化財に指定されている。

湯築城資料館
愛媛県松山市道後公園一
〇八九－九四一－一四八〇
伊予の守護河野氏が南北朝時代から戦国時代に居城としていた城館遺跡。庭園をともなう上級武士の居住地、家臣団居住地などの発掘調査成果をもとに、建物や庭園を復元公開。公園内の資料館で土器、陶磁器などの発掘品を展示。

九州国立博物館
福岡県太宰府市石坂四－七－二
〇五〇－五五四二－八六〇〇
東京国立博物館、京都国立博物館、奈良国立博物館に次いで開館した国立博物館。「日本文化の形成を、アジア史的観点から捉える」という独自のコンセプトにもとづき、展示などがおこなわれている。中世の展示で、博多・対馬・琉球などの遺跡から出土した中国陶磁器や国産陶器を公開。

福岡市埋蔵文化財センター
福岡県福岡市博多区井相田二－一－九四
〇九二－五七一－二九二一
福岡市内の弥生時代から戦国時代に至る発掘資料を展示。とくに古代の鴻臚館、中世の博多津段階の中国陶磁器が豊富。福岡市内には中世博多の繁栄をしのぶ寺社などの文化財も多いことから、これらをめぐることでその理解を深められる。

大分県埋蔵文化財センター
大分県大分市牧緑町一－六一
〇九七－五五二－〇〇七七
大分県内の原始時代から近世に至る時期の発掘資料を展示しており、中世では大友氏館跡の発掘資料を展示。このセンターから西に二キロに大友館跡があり、発掘調査で確認された庭園などの整備が進められている。

沖縄県立博物館・美術館
沖縄県那覇市おもろまち三－一－一
〇九八－九四一－八二〇〇
発掘調査によって出土した実物資料を用いて、一一世紀ごろから一五世紀のグスク時代の人びとの暮らしぶりや地域的な特徴、時代の変化などをわかりやすく紹介。出土陶磁器は中国、ベトナムなどの貿易陶磁、徳之島のカムィヤキなどを展示。

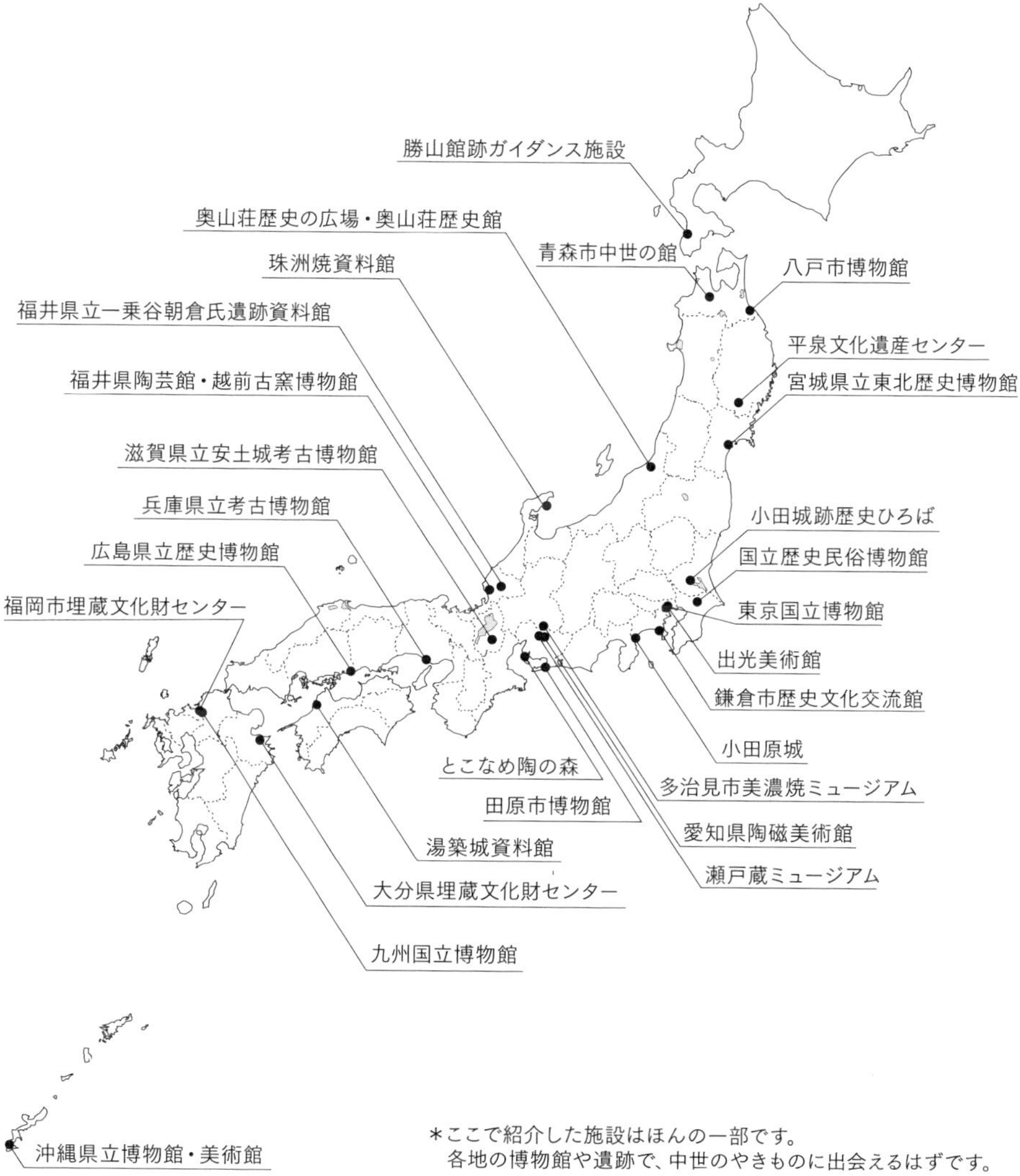

＊ここで紹介した施設はほんの一部です。
各地の博物館や遺跡で、中世のやきものに出会えるはずです。

引用参考文献（一般書・図録を中心に掲載。専門書は以下書籍の参考文献等を参照してください）

愛知県史編さん委員会編　二〇〇七『愛知県史　別編　窯業二　中世・近世　瀬戸系』愛知県
愛知県史編さん委員会編　二〇一二『愛知県史　別編　窯業三　中世・近世　常滑系』愛知県
厚真シンポジウム実行委員会　二〇一五『遺跡が語るアイヌ文化の成立―厚真シンポジウム：一一～一四世紀の北海道と本州島―』厚真町教育委員会
網野善彦　一九八六『中世再考―列島の地域と社会―』日本エディタースクール（講談社学術文庫）
荒川正明　二〇〇四『やきものの見方』角川選書　角川学芸出版
飯村　均　二〇〇九『中世奥羽のムラとマチ―考古学が描く列島史―』東京大学出版会
飯村　均　二〇一五『中世奥羽の考古学』東北中世史叢書八　高志書院
池田榮史　二〇〇六「カムィヤキ（類須恵器）」萩原三雄・小野正敏編『鎌倉時代の考古学』高志書院
市村高男　一九九六「中世後期の津・湊と地域社会」中世都市研究会『中世都市研究三　津・泊・宿』新人物往来社
伊藤裕偉　二〇〇七『中世伊勢湾岸の湊津と地域構造』中世史研究叢書一〇　岩田書院
井上喜久男　一九九二『尾張陶磁』ニュー・サイエンス社
井上喜久男他　二〇一〇「中世のやきもの―六古窯とその周辺―」『古陶の譜　中世のやきもの―六古窯とその周辺―』MIHO MUSEUM
宇野隆夫　一九九七「中世食器様式の意味するもの」『国立歴史民俗博物館研究報告』第七一集
宇野隆夫　一九八九『考古資料にみる　古代と中世の歴史と社会』真陽社
大庭康時他編　二〇〇八『中世都市・博多を掘る』海鳥社

小口雅史他編　二〇一〇『古代末期・日本の境界―城久遺跡群と石江遺跡群―』森和社
荻野繁春　一九九〇「「財産目録」に顔を出さない焼物」『国立歴史民俗博物館研究報告』第二五集
荻野繁春　二〇〇五「須恵器系（須恵器系陶器の編年と生産技術の展開）」『全国シンポジウム中世窯業の諸相―生産技術の展開と編年―』
小野正敏　一九九七『戦国城下町の考古学―一乗谷からのメッセージ―』講談社選書メチエ
小野正敏　二〇一九「「場」からみる中世のモノづくり」村木二郎編『中世のモノづくり』国立歴史民俗博物館研究叢書五　朝倉書店
神木哲男　一九八九「一五世紀なかば瀬戸内海における商品輸送と港湾」柚木学編『日本水上交通史論集　第三巻　瀬戸内海水上交通史』文献出版
河野眞知郎　一九九五『中世都市鎌倉―遺跡が語る武士の都―』講談社選書メチエ
国立歴史民俗博物館編　一九九九『考古資料と歴史学』吉川弘文館
五味文彦・本郷和人・西田友広編　二〇一三『現代語訳　吾妻鏡一三　親王将軍』吉川弘文館
菅原正明　一九八九「西日本における瓦器生産の展開」『国立歴史民俗博物館研究報告』第一九集
鋤柄俊夫　一九九七「土製煮炊具にみる中世食文化の特質」『国立歴史民俗博物館研究報告』第七一集
鋤柄俊夫　一九九九『中世村落と地域性の考古学的研究』大巧社
鈴木康之　二〇〇六『中世集落における消費活動の研究』真陽社
珠洲市立珠洲焼資料館　二〇一九『珠洲焼資料館　収蔵品図録』
高橋照彦　一九九七「「瓷器」「茶椀」「葉椀」「様器」考―文献にみえる平安時代の食器名を巡って―」『国立歴史民俗博物館』第七一集
田中照久　一九九四「越前焼の歴史」出光美術館編『越前古陶とその再現』
田原市博物館　二〇一三『渥美窯―国宝を生んだその美と技―』

塚本　学編　一九九二『日本の近世八　村の生活文化』中央公論社
中世土器研究会編　一九九五『概説　中世の土器・陶磁器』真陽社
東北中世考古学会編　二〇〇三『中世奥羽の土器・陶磁器』高志書院
中野晴久　一九九七「瓷器系中世陶器の生産」『財団法人瀬戸市埋蔵文化財センター研究紀要』第五輯
中野晴久　二〇〇六「瓷器系陶器の拡散と収斂」小野正敏・萩原三雄編『鎌倉時代の考古学』高志書院
中野晴久　二〇一三『中世常滑窯の研究』
永原慶二・山口啓二編　一九八四『講座・日本技術の社会　第四巻　窯業』日本評論社
楢崎彰一　一九七七「中世の社会と陶器生産」『世界陶磁全集三　日本中世』小学館
日本中世土器研究会　二〇〇九「瓦質土器の出現と定着」『中近世土器の基礎研究』二二
新潟県海揚がり陶磁器研究会　二〇一四『日本海に沈んだ陶磁器―新潟県内海揚がり品の実態調査―』
野場喜子　一九九七「大饗の食器」『国立歴史民俗博物館研究報告』第七一集
橋本久和　二〇一八『概論　瓦器椀研究と中世社会』
畑中英二　二〇〇七『続・信楽焼の考古学的研究』サンライズ出版
原田信男　二〇〇八『中世の村のかたちと暮らし』角川選書　角川学芸出版
備前市歴史民俗資料館　二〇一六『備前歴史フォーラム資料集〝擂る〟―擂鉢からみえる中世の社会―』備前市歴史民俗資料館紀要一二
兵庫・岡山・広島三県合同企画展実行委員会　二〇〇四『津々浦々をめぐる―中世瀬戸内の流通と交流―』
藤澤良祐　二〇〇五『瀬戸窯跡群』日本の遺跡五　同成社
藤澤良祐　二〇〇八『中世瀬戸窯の研究』高志書院
三上次男・楢崎彰一編　一九六七『日本の考古学Ⅵ　歴史時代　上』河出書房
峰岸純夫校訂　二〇〇三『史料纂集一三五　長楽寺永禄日記』続群書類従完成会

八重樫忠郎　二〇一五『北のつわものの都　平泉』シリーズ「遺跡を学ぶ」一〇一　新泉社
八重樫忠郎　二〇一九『平泉の考古学』東北中世史叢書二　高志書院
八重樫忠郎・高橋一樹編　二〇一六『中世武士と土器（かわらけ）』高志書院
山陽新聞社編　一九七八『海底の古備前―水ノ子岩学術踏査記録―』
吉岡康暢　一九九四『中世須恵器の研究』吉川弘文館
吉岡康暢　一九九九「歴史資料としての陶磁器」国立歴史民俗博物館編『考古資料と歴史学』吉川弘文館

おわりに

「結《ゆい》」という言葉があります。私の子どものころ、田植えや稲刈りは、結でおこなっていました。私の家が田植えのときには隣の家や親せきから手伝いが来て、隣の家が田植えのときには、母親が手伝いに行ったことが思い出されます。

田舎では「無尽」も盛んでした。無尽は結と同様に、相互扶助を目的としたお金のやりとりです。最近の友人たちの無尽は旅行を目的とするものでしたが、それよりも毎月の無尽の集まりの飲み会が最大の目的となっています。

正月には、それぞれ一重《いちじゅう》をもちより、宴会がおこなわれていたことも思い出されます。実家のある地区では今もおこなっているとのことですが、一重を持ち寄ることはなくなったとのこと。これは、地域の連帯強化のための共食のなごりなのでしょうか。若い人たちは何も正月早々にと不満に思いながら参加しているようです。

このような結、無尽、共食の風習は、中世にさかのぼることはよく知られていることです。

じつのところ、その風習が私の田舎で中世からつづいていたのかはつまびらかではないのですが、このような風習がいまもつづいていることは喜ぶべきことではないかと思っています。このような風習も都市化に飲み込まれて廃れてゆくのか、それとも急激な人口減少のなかで山村の限界集落のように地区ごとなくなってゆくのでしょうか。

私たちは、無意識のうちに中世以来の風習や考え方の影響を受けてきたのですが、それがいますさまじい勢いで崩壊しつつあります。

序章で述べたように中世社会では、木製品の多くが燃料として使われ、金属製品はリサイクルされ、使われなくなっても粗末に扱われることはありませんでした。しかし、やきもののみがほとんど再生の利かないものとして廃棄されたのです。そのやきものの最大の受容者は支配層であり、都市民でした。現代社会に目をむけると、私たち日本人の大半が都市民として大量消費の生活をおこない、中世の都市民とは比較にならないほど不燃ごみを出しつづけているのです。

現代社会でいえば不燃ごみであるやきものは、考古学研究の対象として有効に活用されています。しかし、私たちは、いまこそやきものをあまり使わなかった村落生活にこそ目をむけ、学ぶことが必要なのかもしれません。

浅野晴樹

◎口絵写真提供（所蔵）

口絵1：国（文化庁保管）／口絵2：金沢市／口絵3：石川県埋蔵文化財センター／口絵4：愛知県陶磁美術館／口絵5：広島県立歴史博物館／口絵6：兵庫県立考古博物館／口絵7：岡山県立博物館／口絵8：伊仙町教育委員会／口絵9：新発田市教育委員会／口絵10：慶應義塾／口絵11：平泉文化遺産センター／口絵12：石巻市教育委員会／口絵13：鎌倉市教育委員会／口絵14：府中市教育委員会／口絵15：公益財団法人新潟県埋蔵文化財調査事業団（新潟県教育委員会蔵）／口絵16：国立歴史民俗博物館／口絵17：東北歴史博物館／口絵18：飯村均／口絵19：愛知県総務局総務部法務文書課県史編さん室（瀬戸市蔵）／口絵20：神奈川県立歴史博物館（安国論寺蔵）／口絵21：神奈川県教育委員会（鎌倉市教育委員会蔵）／口絵22：本庄市教育委員会／口絵23上：鎌倉市教育委員会／口絵23下：小田原市教育委員会／口絵24：福岡市埋蔵文化財センター／口絵25：小山市／口絵26上：静岡市埋蔵文化財センター（撮影：写房楠華堂　内田〈楠本〉真紀子）／口絵26下：兵庫県立考古博物館／口絵27上：鎌倉市教育委員会／口絵27下：青森県立郷土館／口絵28：埼玉県立さきたま史跡の博物館（埼玉県教育委員会蔵）／口絵29：公益財団法人愛媛県埋蔵文化財センター／図30：東京都葛飾区教育委員会／図31：国立歴史民俗博物館『時代を作った技―中世の生産革命―』図録より（福井県立一乗谷朝倉氏遺跡資料館蔵）

◎本文写真提供（所蔵）・図版出典（一部改変）

序　章　図1　博多遺跡群ゴミ穴：福岡市埋蔵文化財センター・根来寺坊院跡：公益財団法人和歌山県埋蔵文化財センター

第1章　図4『病草紙』：京都国立博物館／図10『七十一番職人歌合』：Image: TNM Image Archives／図12　博多遺跡群出土壺：福岡市埋蔵文化財センター／図17　伝大串次郎墓と蔵骨器：吉見町教育委員会／図18　珠洲焼五輪塔：愛知県陶磁美術館／図19　御所之内遺跡出土灯明皿：伊豆の国市教育委員会・一乗谷朝倉氏館跡出土灯明皿：福井県立一乗谷朝倉氏遺跡資料館・草戸千軒町遺跡出土灯籠（重要文化財）：広島県立歴史博物館／図20　鎌倉遺跡群出土火鉢：鎌倉市教育委員会／図21『七十一番職人歌合』：Image: TNM Image Archives／図22　奥山荘城館遺跡出土風炉：胎内市教育委員会

第2章　図2　土器焼成窯：木野愛宕神社蔵・清水遺跡窯焼成部：安中市教育委員会／図3　窖窯模式図：藤澤良祐　二〇〇五を参照し作成／九右衛門窯：田中照久　一九九四を参照し作成／図4　瀬戸・美濃型大窯模式図：藤澤良祐　二〇〇五を参照し作成／図7　北沢窯出土壺：新発田市教育委員会／図8　三本峠北窯出土壺：兵庫県立考古博物館・数成口窯跡出土品：愛知県総務局総務部法務文書課県史編さん室（瀬戸市蔵）・鴫森古窯跡出土品：田原市博物館／図12　赤坂窯跡出土押印：新潟県教育委員会蔵／図13　渥美焼の刻文：田原市博物館／図16　珠洲焼の壺：珠洲市立珠洲焼資料館・北沢焼の水瓶：新発田市教育委員会・赤坂山焼のすり鉢：新潟県教育委員会

第3章　図8　前畑遺跡：喜界町教育委員会／図14　水の子岩海底遺跡の発掘調査：岡山県立博物館

＊実測図は各発掘調査報告書等から引用しました。／上記以外は著者作成。

浅野晴樹◎あさの・はるき
一九五四年、岐阜県中津川市生まれ。
國學院大學文学部史学科卒業（考古学）。
元埼玉県立さきたま史跡の博物館館長、元國學院大學兼任講師
おもな著作『図解　日本の中世遺跡』（分担執筆、小野正敏編）東京大学出版会、「鎌倉街道の考古学」小野正敏・萩原三雄編『鎌倉時代の考古学』高志書院、『熊谷市史　通史編上巻　原始・古代・中世』（分担執筆）、「中世北武蔵の成立期から前期について」『歴史評論』七二七ほか。

中世考古〈やきもの〉ガイドブック
中世やきものの世界

二〇二〇年四月一五日　第一版第一刷発行

著者――浅野晴樹
発行所――新泉社
東京都文京区本郷二－五－一二
電話　〇三－三八一五－一六六二
ファックス　〇三－三八一五－一四二二

印刷／製本――三秀舎／榎本製本

ISBN978-4-7877-2006-1 C1021

ブックデザイン――堀渕伸治◎tee graphics

新泉社

シリーズ「遺跡を学ぶ」

005 世界をリードした磁器窯　肥前窯　大橋康二

一七世紀中頃から一八世紀中頃にかけて、肥前窯でつくられた精巧で優美な磁器は、東南アジアからオスマン帝国へ、さらにケープタウンを経てヨーロッパまで輸出された。肥前窯の歴史的意義を窯跡の発掘調査や海外遺跡の出土品や伝世品などから明らかにする。　１５００円＋税

038 世界航路へ誘う港市　長崎・平戸　川口洋平

一六世紀後半から一七世紀、長崎・平戸は世界航路の結節点となり、海外貿易の町＝港市として形成された。平戸のオランダ商館跡、長崎の旧六町・出島・唐人屋敷・長崎奉行所跡等の最新の発掘成果から、世界にひらかれた港市のダイナミックな歴史に迫る。　１５００円＋税

040 中世瀬戸内の港町　草戸千軒町遺跡　鈴木康之

広島県・福山市の西部を流れる芦田川の川底から、中世の町並がそっくり姿をあらわした。東アジアをおおう流通網のなかで瀬戸内海と内陸を結ぶ港湾集落がいきいきとよみがえる。文献からは復元できない中世の町の姿とその盛衰を描きだした中世考古学の先駆的発掘。　１５００円＋税

044 東山道の峠の祭祀　神坂峠遺跡　市澤英利

信濃国と美濃国の国境の神坂峠は、都からはるか遠い東国へとつづく古代東山道随一の難所であった。頂から東を望めば、けわしい山々が幾重にも重なる。この峠こそは東国へのきびしい旅の始まりであった。旅の成就を願って峠の神に捧げた人びとの祈りの形を追う。　１５００円＋税

新泉社

シリーズ「遺跡を学ぶ」

090 銀鉱山王国　石見銀山　遠藤浩巳

戦国時代から江戸幕府成立にいたる一六、一七世紀、石見銀山が産出した大量の銀は中国、東アジアへと広く流通し、当時ヨーロッパで描かれた地図にも「銀鉱山王国」と記された。「石銀（いしがね）千軒」とよばれるほど栄えた鉱山町を発掘調査が明らかにする。　1500円＋税

101 北のつわものの都　平泉　八重樫忠郎

平泉を語るうえで「北」と「つわもの（武士）」という言葉は欠かせない。平泉藤原氏は中央の貴族社会に入っていかず、北東北の入り口にあたる平泉に館を築き、中世都市をつくりあげた。ここは北のつわものたちの集大成、京都とは異なる北の都だったのである。　1600円＋税

122 石鍋が語る中世　ホゲット石鍋製作遺跡　松尾秀昭

九州の西の端、長崎県の西彼杵半島の山中には、滑石の岩壁をくりぬいた痕跡が無数に残っている。これは中世に石鍋を盛んに製作した跡で、つくられた製品は、北は青森から南は琉球諸島にまで運ばれた。山中での石鍋製作と広域に流通した実態を明らかにする。　1600円＋税

132 戦国・江戸時代を支えた石　小田原の石切と生産遺跡　佐々木健策

戦国時代、小田原では箱根火山が生みだした石材を用いて石塔や石臼などの石製品がつくられた。そして江戸時代になると江戸城の石垣に使用する石材が切り出された。石という素材を通じ、中世から近世への歴史の転換点を支えた石切（石工）の生産活動を明らかにする。　1600円＋税